Ein Hoch auf das Beet

Christa Pöppelmann
Peter Bachstein

Ein Hoch auf das Beet

Hochbeete bauen, bepflanzen, pflegen

Inhalt

Viel Spaß beim Hochbeetbau!

Gärtnern in einer neuen Dimension

Kein Zweifel: Hochbeete machen etwas her. Aber lohnt das den Aufwand, den es kostet, sie anzulegen? Die Antwort auf diese Frage ist ein ganz klares Ja. Denn Hochbeete haben gegenüber den üblichen Flachbeeten eine ganze Reihe von Vorteilen.

Bequemes Gärtnern

Was will man mehr?

Jeder leidenschaftliche Gärtner weiß, dass die Arbeit im Grünen in die Knochen geht. Wer stundenlang auf den Knien über die Beete gebeugt, Unkraut jätet und Pflanzen hegt, mutet seinen Gelenken und dem Rücken allerlei zu. Hochbeete dagegen haben eine optimale Arbeitshöhe und lassen sich rückenschonend pflegen. Und für jene, die nicht oder nicht mehr so lange stehen können, machen unterfahrbare Hochbeete das Gärtnern überhaupt erst möglich. Zudem fällt deutlich weniger Arbeit an, da Hochbeete weniger leicht verunkrauten als Flachbeete.

Optimales Wachstum

Der größte Vorteil

Dank der Rotte, die im Inneren richtig gefüllter Hochbeete abläuft, wachsen die Pflanzen besser und schneller. Klassische Hochbeete bringen höhere Erträge als normale Beete, auch deshalb weil die Ernte teils um einige Wochen früher beginnen kann. Es gibt keine Probleme mit Staunässe und die künftige Ernte wird wirksam vor Schnecken und anderen „Mitessern" geschützt.

Beste Raumnutzung

Ganz neue Möglichkeiten

Besonders prächtig sind Hochbeete, deren üppige Bepflanzung sogar überhängen kann. Der vorhandene Raum wird so optimal genutzt, sehr raumgreifende Pflanzen werden aber gleichzeitig in ihrem Wachstum begrenzt. Hochbeete machen das Gärtnern darüber hinaus an Orten möglich, wo im Flachen gar nichts geht: auf schlechten Böden, Terrassen, Balkonen und anderen versiegelten Flächen.

Ästhetischer Gewinn

Gestalten mit Hochbeeten

Hochbeete sind immer ein Blickfang. Sie können aber auch gezielt als Gestaltungselement eingesetzt werden. Etwa als Sichtschutz, „Raumteiler" oder als Hangbeete zur Gliederung des Geländes.

Die Vielfalt von Hochbeeten

Die Qual der Wahl

Für jeden das Richtige

Vielleicht hast du es auch schon festgestellt: Die Vielfalt in Sachen Hochbeet ist schier unendlich. Das ist einerseits natürlich eine gute Nachricht. Für jeden ist das Richtige dabei. Wenn du möglichst wenig Aufwand und keinerlei technische Herausforderungen wünschst, kannst du deinen Hochbeet-Traum mit einem Bausatz realisieren, der kinderleicht aufzustellen ist. Du kannst dich aber auch handwerklich und kreativ so richtig austoben und deinem Garten durch die Anlage von Hochbeeten ein völlig neues Gesicht geben.

Andererseits hast du natürlich die Qual der Wahl und musst herausfinden, welches Beet das Richtige für dich ist. Das ist gar nicht so einfach. Aber genau dabei, hilft dir dieses Buch.

Die wichtigen Fragen

Leider gibt es auch einen Wermutstropfen: Nicht jede Art von Hochbeet kann alle Vorzüge bieten. In einem Tischbeet beispielsweise, das mit einem Rollstuhl unterfahren werden kann, kann keine Rotte (siehe Seite 10 ff.) ablaufen, die zu den zentralen Pluspunkten eines klassischen Hochbeets gehören. Möglicher-

Hochbeete aus einfachen Eisenplatten sind pflegeleicht und optisch ansprechend.

weise musst du an der ein oder anderen Stelle Zugeständnisse machen. Vielleicht entdeckst du dadurch aber auch ganz neue Möglichkeiten, die du bisher nicht im Blick hattest.

Selbst wenn du dein geplantes Hochbeet schon relativ genau vor Augen hast, lohnt sich ein Blick auf die verschiedenen Möglichkeiten. Die Frage, wie das Beet aussehen soll, ob aus Holz oder Stein, viereckig oder rund, ob du selbst Hand anlegen oder nach einem geeigneten Bausatz Ausschau halten willst, ist dabei erst einmal zweitrangig. Wichtiger ist zunächst, dass du dir klar wirst, welchem Zweck dein Hochbeet vorrangig dienen soll.

Der Klassiker

Aus Erfahrung gut

Die Vorteile eines Hochbeetes werden besonders deutlich, wenn man zunächst einen Blick auf die klassische Bauform wirft. Dies ist ein großer rechteckiger Kasten von etwa 75 bis 100 Zentimetern Höhe. Er ist einfach aufzubauen, nutzt den Platz optimal und ist so gebaut, dass du dort möglichst bequem im Stehen arbeiten kannst.

Darüber hinaus bleibt anderen Lebewesen durch die Höhe der Zugang verwehrt. Vor allem den sonst allgegenwärtigen Schnecken ist der Weg nach oben in der Regel zu beschwerlich, sodass

Das klassische Hochbeet ist meist aus Holz.

Bei Holz-Hochbeeten ist vor allem der Schutz vor Feuchtigkeit beim Bau zu berücksichtigen.

Beete aus Holz bieten alle Vorteile von Hochbeeten.

gerade die zarten Jungpflanzen von ihrem unersättlichen Appetit verschont bleiben. Auch für viele Unkräuter sind diese Höhen eine andere Dimension. Denn die meisten verbreiten sich über bodennahen Samenflug.

Nach unten jedoch ist das Beet zumindest teilweise offen. Dieser „Erdanschluss" ist für ein klassisches Hochbeet extrem wichtig. Denn es ist eben nicht nur ein hohes Beet, sondern ein Bioreaktor im Miniaturformat. In seinem Inneren laufen Prozesse ab, die dafür sorgen, dass vor allem die wärmeliebenden und nimmersatten „Starkzehrer" unter den Gemüsesorten wie die verschiedenen Kohlsorten, aber auch Paprika, Tomaten und Lauch ideale Lebensbedingungen vorfinden. Das Geheimnis liegt in der Füllung des Beetes.

Die Füllung

Ein ausgewogener Nährstoffcocktail

Wie du später noch im Detail sehen wirst, ist die Füllung eines Hochbeetes eine Wissenschaft für sich. Während die oberste Schicht wie in gut gepflegten, flachen Beeten aus reifem Kompost besteht, werden in einem Hochbeet die Materialien nach unten hin immer gröber. Sie verrotten deshalb erst nach und nach. Dabei laufen in deinem Hochbeet ähnliche Prozesse ab wie in einem Kompostbehälter. So werden über die Jahre immer neue Nährstoffe freigesetzt, die den Pflanzen oben im Beet zugute kommen. Auf zusätzliche Düngung kannst du in aller Regel verzichten.

Mit Fußbodenheizung

Bei einer intensiven Rotte, wie sie in einem Kompostbehälter oder einem richtig

Ein Hochbeet besteht aus mehreren Schichten mit unterschiedlichen Pflanzenmaterialien.

gefüllten Hochbeet abgeht, passiert aber noch mehr. Beim Abbau des organischen Materials werden beträchtliche Mengen an Wärme erzeugt. Die Kerntemperaturen können bis zu 60 oder gar 70 Grad Celsius betragen. Die meisten Pflanzen lieben diesen Luxus. Die Fußbodenheizung lässt sie besonders prächtig wachsen. Gemüse wird in der Regel deutlich schneller erntereif als in einem flachen Beet und auch die Erträge fallen höher aus.

Saftkugler und Springschwänze

Diese Rotte ergibt sich nicht von selbst. Verantwortlich dafür sind eine Unzahl von kleinen Lebewesen. Wusstest du, dass in jedem Gramm Gartenerde ungefähr 2,5 Milliarden Bakterien, 700.000 Strahlenpilze, 400.000 Pilze, 500.000 Algen und 30.000 Einzeller leben? Dazu kommen Würmer und Insekten. Sie alle stehen dir als nützliche Helfer zur Verfügung. Ohrwürmer, Asseln und Saftkugler sowie alle Arten von Tausendfüssern zerbeißen erst

Im Hochbeet wimmelt es von Leben.

Tausendfüßer zerlegen die groben Pflanzenabfälle.

einmal das grobe Material. Strahlenpilze zersetzen auch hartes Holz oder das Chitin im Panzer toter Insekten. Die feinen Partikel, die dabei entstehen, werden von winzigen Fadenwürmern, Rädertierchen, Milben und Springschwänzen noch weiter zerlegt. Damit die Pflanzenwurzeln die einzelnen Nährstoffe aufnehmen können, müssen jedoch auch noch Pilze, Bakterien und Algen aktiv werden und alles biochemisch in seine Einzelbausteine zerlegen. Und Kompostwürmer saugen den ganzen Mix in sich ein und scheiden ihn dann in Gestalt stabiler Ton-Humus-Komplexe wieder aus, die dem Boden eine krümelige Struktur und ein gutes Wasserspeicherungsvermögen verleihen. Doch all diese Wesen haben höchst unterschiedliche Ansprüche, was Bodenbeschaffenheit, Wärme, Feuchtigkeit, Sauerstoff etc. angeht. Deshalb wandern sie je nach

Kompostwürmer kannst du sogar im Handel kaufen.

Stand der Rotte ein und wieder aus. Damit diese Migration vonstatten gehen kann, braucht es in einem klassischen Hochbeet den Erdanschluss.

Die richtige Größe

Klotzen, nicht kleckern

Klassische Hochbeete sollten idealerweise möglichst groß sein; wenn es geht, mindestens mit einer Länge von 1,80 bis 2,00 Metern. Die Breite richtet sich nach der Armlänge. Ist das Beet nur von einer Seite zugänglich, sind das etwa 70 bis 100 Zentimeter. Bei einem Beet, an dem von beiden Längsseiten her gearbeitet werden kann, dürfen es gerne 1,5 Meter sein. Warum aber muss ein Hochbeet so ein Monstrum sein? Vielleicht hast du schon den Spott von Freunden im Ohr, die über den „Elefantensarg" lästern. Wären mehrere kleine Kästen nicht vielleicht ästhetischer? Das kann sein. Aber hier geht es nun einmal um den Klassiker und der hat

Ist dein Hochbeet an deine Größe angepasst, sind viele Arbeiten am Hochbeet leichter zu erledigen.

möglichst viel Volumen. Der Grund hat wieder mit der Rotte im Inneren zu tun. In einem großen Kasten mit viel Material geht der Turbo so richtig ab!

Materialvielfalt

Der eigene Geschmack zählt

Äußerlich stellt man sich den Klassiker fast automatisch in Holz vor. Doch das muss nicht sein. Den Bodenlebewesen ist es ziemlich egal, ob sie ihr Werk hinter Holzbrettern oder Betonwänden vollbringen. Und dem Gemüse, das dort wächst auch. Das Beet braucht auch nicht rechteckig sein, sondern kann jede beliebige Form haben, die sich noch gut pflegen lässt. Wie du im weiteren Teil dieses Buches sehen wirst, gibt es eine schier unendliche Vielfalt an Materialen und Möglichkeiten, um ein klassisches Hochbeet zu bauen (siehe Seite 58 ff.). Hier darfst du dich ganz nach deinen ästhetischen

Hochbeete können ganz nach Lust und Laune gestaltet werden.

Vorlieben, deinen Möglichkeiten und den Gegebenheiten in deinem Garten richten. Ob du einfach einen Kunststoff-Bausatz aus dem Handel aufstellen willst oder dich mit kunstvollen Feldsteinmauern oder Weidenrutengeflechten ästhetisch und handwerklich verwirklichen möchtest oder irgendwelche witzigen Einfälle umsetzt, liegt ganz bei dir!

Alle sieben Jahre neu

Die Sache mit der Rotte hat jedoch auch einen ganz entscheidenden Haken. Dein schönes Hochbeet ist kein Werk für die Ewigkeit. Irgendwann haben all die fleißigen Bodenlebewesen all das grobe Grünmaterial, das du eingefüllt hast, zersetzt. Dann kommt der Rotteprozess zum Erliegen. Du merkst das daran, dass sich das Erdniveau im Beet immer weiter senkt, die Erde nicht mehr warm ist, wenn du tief hineingreifst und die Erträge nachlassen. In der Regel

Dein Hochbeet muss nicht immer rechteckig sein. Wie wäre es z.B. mit einer L-Form?

ist es nach etwa fünf bis sieben Jahren soweit.

Du hast nun zwei Möglichkeiten: Entweder füllst du dein Beet einfach immer wieder mit reifem Kompost nach. Deine Pflanzen wachsen damit genauso gut wie in einem normalen, gut versorgten Flachbeet. Und dir bleibt der Vorteil der bequemen Arbeitshöhe. Aber die Ernten werden nicht mehr so früh und üppig ausfallen wie in den Jahren, als die Rotte im Inneren, die Extra-Heizung, das Wachstum deiner Pflanzen beflügelt hat.

Die Alternative: Du erneuerst die ganze Füllung. Doch das bedeutet einen nicht zu vernachlässigenden Arbeitsaufwand. Denn bevor du neues grobes, unverrottetes Material einfüllen kannst, musst du erst einmal die Reste der alten Füllung im Schweiße deines Angesichts herausholen.

Gut überlegt

Die Frage, wie du mit deinem Hochbeet in sieben Jahren verfahren willst, ist also ein nicht unbeträchtlicher Faktor bei der Frage, was für eine Art von Hochbeet du anlegen möchtest. Eine einfache Konstruktion, die nach einem Zyklus demontiert und komplett neu aufgebaut werden kann? Oder ein edleres Beet „für die Ewigkeit", das aber alle sieben Jahre mühsam ausgeschaufelt werden muss?

Eine leicht geneigte Trockensteinmauer aus Natursteinen könnte sogar nicht wiedergutzumachenden Schaden nehmen, wenn man ihr den Halt nimmt. Wenn dein geplantes Hochbeet also in erster Linie eine Verschönerung des Gartens sein soll, dann ist es eine Überlegung wert, bei der Optik keine Abstriche zu machen und das Beet dann nach sieben Jahren als normales „hohes Beet" weiterzubetreiben. Wenn es dir dagegen um möglichst reiche Ernten geht, sollte das Erneuern möglichst einfach vonstatten gehen.

Schweißtreibend, aber es lohnt sich!

Dauerhafte Hochbeete können immer wieder mit neuem Füllmaterial befüllt werden.

PSSSSST !

Perfektes Recycling!

Die Erde, die beim Ausschachten des Hochbeetes anfällt, ist nicht „verbraucht", sondern reife Pflanzerde, die als Deckschicht für das neue Beet oder unter Gehölzen etc. verwendet werden kann.

Das Modulbeet

Praktisch und variabel

Wenn es dir in erster Linie um eine reichhaltige Gemüseernte geht, dann braucht es nicht unbedingt ein besonders edles Hochbeet. Eine ausgesprochen pragmatische Lösung ist das Modulbeet. Seine Wände bilden keine feste Einheit, sondern bestehen beispielsweise aus vier bis fünf jeweils 20 Zentimeter hohen Holzrahmen, die übereinandergestellt und durch solide Pfosten in den Ecken fixiert werden. Senkt sich nun die Erde im Hochbeet mit den Jahren, können die Rahmen einer nach dem anderen abgenommen werden, bis du am Ende auch den oder die letzten mit wenigen Handgriffen beiseiteschaffst, die verbliebene Erde abräumst und dein Hochbeet neu aufbaust.

Niedrigere Hochbeete

Solche Module sind vor allem praktisch, wenn du mehrere Hochbeete bearbeiten willst. So kannst du die abgenommenen Rahmen benutzten, um an anderer Stelle bereits wieder ein neues Hochbeet aufzubauen, das nach und nach gefüllt wird. Das alte Beet aber wird am Ende vielleicht gar nicht abgetragen, sondern mit anspruchsloseren Stauden und Sträuchern bepflanzt. Oder dient mit einem transparenten Deckel als Frühbeet.

Außerdem ergibt sich vielleicht Bedarf an einem nicht ganz so hohen Hochbeet. Zum Beispiel, weil deine Kinder in das Alter kommen, in dem sie mitgärtnern wollen, aber nur mit der Nasenspitze über eine klassische Hochbeeteinfassung reichen würden. Oder weil ein neuer Standort für Tomaten ansteht. Die aber wachsen in Hochbeeten leicht in Regionen, die das Pflücken zum Problem machen. Hier macht ein mittelhohes Beet mehr Sinn, zumal auch hier die meisten Arbeiten nicht am Boden stattfinden.

PSSSSST

Mehr Variabilität durch Normsteine

Auch ein Hochbeet mit einer Trockenmauer als Umrandung, die aus genormten Steinen errichtet ist, lässt sich je nach Bedarf leicht erhöhen oder abtragen.

Modulbeete sind praktisch und sehen gut aus.

Niedrige Hochbeete eignen sich prima für jede Bepflanzung, sei es nun Gemüse oder Zierpflanzen.

Hochbeet für Kinder

Ein eigenes grünes Reich

Viele Kinder gärtnern gerne, wollen aber schnell Erfolge sehen und sich um IHRE Pflanzen kümmern. Ein „unübersichtlicher" Garten, in dem mal hier, mal da Arbeiten anfallen, ist nicht unbedingt ihre Sache. Deshalb eignen sich Hochbeete ganz besonders für die „kleinen Gärtner". Auf begrenztem Raum wächst vergleichsweise schnell leckeres Obst und Gemüse heran, ohne dass lästige Arbeiten wie Jäten überhandnehmen.

Im Prinzip brauchen Kinder kein spezielles Kinderhochbeet. Ein stabiles Podest, das auch bei eifrigem Sichrecken und -strecken nicht kippt, gewährt ihnen problemlos Zugang zum „Erwachsenenhochbeet". Andererseits lieben es die Kleinen, ihr eigenes Reich zu haben. Das kann ein eigenes Kinderhochbeet sein, aber auch ein

eigener Bereich an der Stirnseite des „Erwachsenen-Hochbeets", der so tief ist wie ihre Arme lang.

Lecker und bunt

Wenn Kinder ihr eigenes Beet haben, wollen sie natürlich auch selbst entscheiden dürfen, was darin wächst. Eine Anregung könnte sein:

* Erdbeeren in bequemer Naschhöhe, besonders auch die immer wieder nachreifenden Monatserdbeeren
* Kresse, die im Frühjahr beinahe umgehend Erntereifes beschert
* milde Radieschen, die ebenfalls zeitig reif sind
* Schnittlauch: unverwüstlich und der ideale Begleiter zum Radieschenquark
* Kapuzinerkresse, die einfach wunderschön blüht und zudem – wie aufregend – Blüten hat, die eine essbare Essensdeko abgeben

Mmmhh naschen!

Das eigene Naschbeet zu bepflanzen macht Spaß!

- Zuckererbsen, die frisch aus der Schote gegessen werden können
- Cocktailtomaten; am besten süße und besonders schöne Naschsorten
- ein Kürbis für Halloween
- einjährige ungiftige Lieblingsblumen wie Löwenmäulchen, Stiefmütterchen, Tagetes etc.
- Zierkohl: außergewöhnlich und trotz seines Namens essbar

Gestaltungsfreiheit

Unbegrenzte Möglichkeiten

Nein! Hochbeete müssen nicht rechteckig sein! Natürlich sind kastenförmige Beete am praktischsten, wenn es nur um einen optimalen Standort für Gemüse geht. Doch Hochbeete können auch ein wunderbares Gestaltungselement für jedes grüne Paradies sein. Dabei sind der Fantasie keine Grenzen gesetzt.

Sie können drei- oder viereckig, selbst sechs- oder achteckig , rund und oval, geschwungen oder gestuft sein. Sie können sogar die Form eines Schmetterlings haben, wenn du das so möchtest (und die technische Umsetzung nicht scheust).

Ein besonderes Hochbeet kann zu einem attraktiven Blickfang auf einer großen Wiesenfläche werden. Oder eine triste Hauswand bzw. Gartenmauer verschönern. Es kann einen Teil des Gartens, der vielleicht etwas verwildert ist oder mit Geräteschuppen, Komposthaufen etc. eher funktional angelegt ist, von den „schöneren" Zonen abtrennen. Hochbeete können eine Terrasse oder einen

Viele Hochbeete werten den Garten ästhetisch auf.

Sitzplatz einfassen, Geländestufen kaschieren oder als stützende Wand dienen.

Mit der Höhe spielen

Kleine Gärten wirken durch eine geschickte Raumaufteilung mithilfe von Hochbeeten größer, während große Gärten durch eine solche Maßnahme lauschiger und intimer werden. Größe, Form und Höhe der Beete, das Material, das du für die Einfassung wählst, sowie die Bepflanzung richten sich dann natürlich vor allem nach dem Stil, den dein Garten hat bzw. bekommen soll. Wenn es nicht um eine bequeme Erntehöhe geht, dann kannst du Hochbeete auch mit Pflanzen bestücken, die selbst schon sehr hoch sind, und so einen natürlichen Sichtschutz erreichen. Sehr schön sind auch gestaffelte Beetelemente mit hohen, niedrigen und beliebig vielen mittleren Segmenten.

Wasserfreuden

Wasserflächen lassen einen Garten besonders lebendig erscheinen. Warum nicht Hochbeet und Teich verbinden? Mit fertigen Formelemente aus dem Gartenhandel kannst du ohne viel Mühe eine kleine, lauschige Wasserfläche schaffen. Gerade wenn du ein Beet mit einer Trockensteinmauer planst, verleiht ein kleiner Teich am Fuß der Mauer dem Ganzen einen besonderen Reiz. Oder du baust ein gestaffeltes Beet, dessen niedrigster Teil nicht mehr Erde und Pflanzen beherbergt, sondern ein Wasserbecken. Auch bei einem großen, runden Hochbeet macht sich ein Teich in der Mitte gut.

Wenn dein Hochbeet in der Nähe eines Sitzplatzes steht und du Vögel liebst, kannst du auch einen kleinen Teil der Fläche für eine erhöhte Vogeltränke opfern und deinen gefiederten Freunden in bequemer Sichthöhe beim Planschen zuschauen.

Ein Sitzbrett zwischen zwei Hochbeeten lädt zum Verweilen ein und erleichtert die Arbeit.

Verweile doch ...

Je mehr dein Hochbeet zur Zierde des Gartens wird, desto mehr wirst du dort auch verweilen wollen und den Anblick genießen. Hochbeete können nicht nur zu einer schönen Einfassung für einen Sitzplatz werden, sondern bieten auch noch Sicht- und Windschutz. Du kannst aber auch das Beet selbst zum Sitzplatz werden lassen. Etwa indem du die Einfassung eher niedrig und so breit und stabil anlegst, dass du dort Platz nehmen kannst. Oder indem du seitlich an einem gestuften Beet eine Sitzstufe anbringst. Versuche doch auch einmal, zwischen zwei Hochbeeten – vielleicht über Eck – mit einem Brett eine Verbindung zum Daraufsitzen zu schaffen.

Selbst ein Sitzbrett an der Längsseite eines Hochbeetes stört nicht, wenn du die Höhe so wählst, dass du (mit einem untergelegten Polster) bequem auf der Bank knieend gärtnern kannst.

Hochbeet und Teich sind eine tolle Kombination!

Hochbeet im Sitzen

Gartenfreude für Senioren und Rollstuhlfahrer

Hochbeete eignen sich auch bestens zum Gärtnern für Menschen, die keinen normalen Garten (mehr) betreuen können, weil sie in ihrer Mobilität eingeschränkt sind. Denn an Hochbeeten lässt sich prima im Sitzen gärtnern. Speziell für Rollstuhlfahrer gibt es unterfahrbare Hochbeete, an denen man wie an einem Tisch sitzen und bequem arbeiten kann. Aber auch, wenn du schon etwas älter bist, und einfach einen gewöhnlichen Stuhl beim Gärtnern benutzten möchtest, kannst du über ein unterfahrbares Beet nachdenken. Das Arbeiten ist so wesentlich leichter, angenehmer und rückenschonender, als wenn du einen Stuhl seitlich neben ein gewöhnliches Hochbeet stellst und dann alle Arbeiten mit gedrehtem Oberkörper verrichten musst.

Hochbeete sind oft multifunktional. Hier ist es zugleich eine gemütliche Sitzecke.

Das Tischbeet

Die meisten unterfahrbaren Hochbeete sind als Tischbeete konzipiert. Das bedeutet: Der Beetkasten steht auf Stelzen und hat nur eine Höhe von etwa 20 bis 40 Zentimeter. Im Gegensatz zu einem klassischen Hochbeet passt relativ wenig Pflanzsubstrat hinein. Leider fällt damit einer der Vorteile eines klassischen Hochbeets weg: Eine Rotte mit einer ordentlichen Wärmeentwicklung kann in einem solchen Kasten nicht stattfinden. Tischbeete sind damit keine klassischen Hochbeete, sondern eigentlich erhöhte „Normalbeete". Hier steht ausschließlich die bequeme Arbeitshöhe im Fokus, die ja für Menschen mit eingeschränkter Mobilität wichtig ist. Dass die Pflanzen vor Schnecken und einer allzu großen Verunkrautung geschützt sind, bleibt ein angenehmer Nebeneffekt.

Seniorengerechtes Gärtnern ist in!

Auch im reifen Alter kann man noch gärtnern!

Kasten und Tisch

Es gibt jedoch auch klassische Hochbeete, die sich im Sitzen begärtnern lassen. Diese Kästen kragen zum Beispiel an einer oder beiden Schmalseiten in ein Tischbeet aus und können dort bequem von einem Stuhl oder Rollstuhl aus gepflegt werden. Allerdings ist die Reichweite natürlich begrenzt. Die Pflanzen in der Mitte sind nur von den Längsseiten her zugänglich und müssen entweder im seitlichen Sitz oder von einer anderen Person im Stehen gepflegt werden.

Eine weitere Möglichkeit ist, am Rand eines klassischen Hochbeets eine breite tischartige Ablagefläche zu installieren, die genügend Beinfreiheit bietet. Das schränkt die im Sitzen erreichbare Fläche jedoch ein. Bei einer solchen Lösungen

könntest du beispielsweise wenig pflegeintensive Starkzehrer wie Zucchini in die Mitte setzen, wo sie von der Rotte im Inneren profitieren. In den äußeren, gut zugänglichen Beetteil kannst du zum Beispiel Salat, Kräuter und Blumen pflanzen, die bequem im Sitzen gepflegt und geerntet werden können, aber keine so großen Ansprüche in Sachen Nährstoffe und Wärme stellen.

Maßgeschneiderte Lösungen

Wenn du jedoch ein unterfahrbares Hochbeet haben möchtest, dass du vollumfänglich im Sitzen pflegen kannst, in dem aber dennoch eine klassische Rotte abläuft, dann wirst du um die Hilfe eines erfahrenen Tischlers wahrscheinlich nicht herumkommen. Denn in diesem Fall

Welche Randbreite soll es sein?

Am Tischhochbeet mit breitem Rand kann man gemütlich gärtnern, sitzen oder sogar essen.

brauchst du ein konisches Beet, dass sich von oben nach unten so verjüngt, dass du genügend Platz für deine Beine findest.

Am besten probierst du zuvor mit einem Modell aus Pappe aus, wie viel Beinfreiheit du im Sitzen brauchst und wie weit du mit den Armen ins Beet hineinreichen kannst. Damit ist es für einen Tischler dann leichter, das für dich passende Hochbeet zu bauen.

Balkon und Terrasse

Gärtnern ohne großen Garten

Für ein Hochbeet braucht es jedoch nicht unbedingt einen Garten. Vielleicht hast du schon mal von den Berliner Prinzessinnengärten gehört: Auf einer teilweise versiegelten (und ursprünglich vermüllten) innerstädtischen Brachfläche wurde ein vielfach beachtetes Urban-Gardening-Projekt angelegt. Die Pflanzen wachsen in mobilen Containern: vor allem in alten Bäckerkisten, von denen jeweils zwei aufeinandergestapelt werden. Die untere dient nur dazu, Höhe zu gewinnen. Die obere wird mit Erde gefüllt und bepflanzt. Aus einer Betonwüste ist so ein grünes Paradies geworden, ohne dass der Boden aufgebrochen und ausgetauscht werden musste.

Das Problem mit dem Erdanschluss

Genauso kannst du mit Hochbeeten auch deine Terrasse oder deinen Balkon begrünen, aber auch Einfahrten und Innenhöfe oder ein begehbares Dach. Wenn man ge-

Kleine Hochbeete aus Stein lassen sich mit Terrassensitzplätzen harmonisch kombinieren.

nau hinschaut, finden sich eine Menge Stellen, die durch ein Hochbeet aufgewertet werden können. „Und wo bleibt der Erdanschluss?", fragst du jetzt vielleicht. Zu Recht! Den gibt es natürlich nicht. Genauso wie bei den meisten unterfahrbaren Hochbeeten. Auf einem Balkon oder einer anderen vollständig versiegelten Fläche sind keine klassischen Hochbeete möglich.

Terrassen und Einfahrten dagegen sind oft nur mit Gittersteinen oder ähnlichem befestigt. Wenn du die Erde in den Öffnungen lockerst, haben all die kleinen Rottehelfer kein Problem, in deinem Beet ein- und auszugehen. Auch wenn du das Beet nur teilweise auf Stein, teilweise auf Erdreich setzt, werden sie ganz bestimmt ihren Weg finden. Überall, wo sich diese Möglichkeit bietet, macht es Sinn, sie zu nutzen.

Leben in der Kiste

Aber wie wichtig ist der Erdanschluss überhaupt? In den Bäckerkisten in Berlin gedeihen Gemüse und Kräuter schließlich auch üppig. Und vielleicht hast du selbst auch schon im Balkonkasten oder einem Kübel gute Ernten erzielt. Denn natürlich wimmelt es auch in einer nach unten geschlossenen Pflanzkiste von Leben. Viele Mikroorganismen und Kleintiere werden beim Befüllen mit eingesetzt und Kompostwürmer kann man sogar im Internet bestellen und aussetzen. Doch wie sich das Bodenleben entwickelt, welche Organismen sich vermehren, welche absterben, ist zu einem Großteil Glücksache, während sich in einem offenen System immer ein optimales Gleichgewicht einstellt. Kompostwürmer etwa würden, wenn sie könnten, aus reifer Erde abwandern.

Wurm-Humus ist ein besonders hochwertiges Düngemittel und dabei absolut bio!

Auch ohne Bodenanschluss können Hochbeete reiche Ernte bringen!

Urban Gardening bringt Natur aufs Pflaster der Stadt.

Gärtnern mit der Natur

Wenn du deine geschlossenen Beete möglichst groß planst und sie nicht mit steriler Gartenerde aus der Tüte befüllst, sondern ähnlich wie ein offenes Hochbeet, dann hast du gute Chancen, dass sich dort ein vielfältiges Bodenleben einstellt und eine Rotte vollzieht, auch wenn sie nicht so schnell, so vollständig und so „hitzig" wie in einem klassischen Hochbeet ablaufen wird. Die Kompostwürmer fühlen sich am wohlsten, wenn du sie in einer speziellen Wurmkiste ansiedelst, wo sie unablässig deine Küchenabfälle in wertvollen, reifen Kompost verwandeln dürfen. Wenn du damit deine Hochbeete nachfüllst, werden deine Pflanzen bestens mit Nährstoffen versorgt und sich so pudelwohl fühlen, dass du eine reiche Ernte einfahren wirst.

Hochbeet to go

Heute hier, morgen dort ...

Ein Hochbeet auf Rollen? Das klingt abgefahren, kann aber auch äußerst praktisch sein. Nicht umsonst sind zum Beispiel professionelle Tischbeete in Gärtnereien, die vor allem der Anzucht von Pflanzen dienen, fahrbar und können im Ganzen leicht bewegt und umgestellt werden. Und wenn du die Angebote des Handels studierst, wirst du schnell feststellen, dass es auch hier mobile Hochbeete gibt, und zwar gar nicht so wenige. Auch zahlreiche ganz klassisch aussehende große Kistenbeete aus Holz werden mit Fahrwerk angeboten. Denn auch in einem Privathaushalt lohnt es sich unter Umständen, über ein mobiles Beet nachzudenken. Viele Pflanzen lieben nun mal Sonne und brauchen sie auch, um optimal zu gedeihen. Mehr Sonne als die meisten Gärtner angenehm finden. Sicher hast auch du dir

Auch Hochbeete auf dem Balkon können ein ganz schönes Gewicht erreichen.

schon oft gewünscht, du könntest die verflixten Beete einfach an eine andere Stelle zaubern, wenn an brennend heißen Tagen Arbeit anstand. Den Sonnenschirm mit seinem schweren Fuß von der Terrasse in den Garten zu schleppen und ständig umzustellen, weil der Schatten recht begrenzt ist, ist da auch keine ideale Lösung. Mit mobilen Beeten dagegen ist das alles kein Problem! Sie können mal eben zur Pflege an einen angenehmen Schattenplatz gezogen und danach wieder in ihre geliebte Sonne gestellt werden. Gerade für hitzeempfindliche oder gar gebrechliche Menschen ist das ein nicht zu unterschätzender Vorteil.

Roll-Hochbeete sind super flexibel!

Ein Hochbeet auf Rollen kann mit einem Frühbeetaufsatz zum fahrbaren Gewächshaus werden.

Weg mit dem Gemüse!

Vielleicht geht es dir aber auch so: Du würdest die Sonne eigentlich gerne ab und zu selbst genießen, doch leider ist der Platz rar, wo Tomaten und Kürbisse optimal reifen, sodass dort unbedingt das Hochbeet stehen muss. Gerade auf einem kleinen Balkon lassen sich solche Platzprobleme mit einem mobilen Beet bestens lösen – weshalb es gerade auch die kleinen, leichten Varianten oft mit Rollen gibt. Viele ähneln bepflanzten Teewägen, sind mit ihrer geringen Tiefe leicht genug für den Balkon und bieten unter dem Beetkasten noch Ablagefläche für das Gartengerät. Wenn du im Büro oder anderweitig beschäftigt bist, dürfen deine Tomaten die pralle Sonne genießen, müssen aber weichen, wenn dein Sonnenstündchen gekommen ist. Auch eine große Terrasse macht sich optisch mit Beeten eigentlich besser, mit mobilen Beeten kann sie aber schnell ab und zu für eine Party geräumt werden.

Je nach Standortansprüchen rollst du das Hochbeet in den Schatten oder in die Sonne.

Es mag noch viele andere Gründe geben, warum ein Beet am eigentlich optimalen Sonnenplatz manchmal stört. Eines ist jedoch auch klar: Klassische Hochbeete sind diese mobilen Beete nicht (auch dann nicht, wenn es sich um tiefe Kisten handelt), denn es fehlt der Erdanschluss. Aber gerade wenn der sowieso nicht gegeben ist – wie etwa auf dem Balkon – können Rollen eine praktische und pfiffige Lösung sein.

Auch Tischhochbeete mit herausnehmbaren Pflanzwannen sind flexibel und können leicht den Standort wechseln.

PSSSSST !

Eher nichts für Starkzehrer

Roll-Hochbeete, die eine eher geringe Substratschicht haben, eignen sich weniger für Tiefwurzler wie Möhren oder Starkzehrer wie Kohlgemüse, dafür aber z. B. für Salat und Paprika.

Mini-Hochbeete

Erdanschluss für Gemüse

Idealerweise sind Hochbeete möglichst groß. Je größer, desto besser kommt die Rotte im Inneren in Gang. Doch nicht jeder hat den Platz, sich solch ein Beet mit mehr als zwei Kubikmetern Fassungsvermögen in den Garten zu stellen. Außerdem wollen die erst einmal gefüllt werden. Unverrottetes Grün-Material bekommt man schließlich nicht im Gartencenter.

Auch aus gestalterischen Gründen macht sich vielleicht an einer bestimmten Stelle ein kleines, aber hohes Element besser. Ein altes Holzfass etwa eignet sich wunderbar dazu, zum Hingucker auf einer Terrasse zu werden oder eine unscheinbare Ecke des Gartens aufzuwerten.

Grundsätzlich kann ein Hochbeet auch sehr klein sein. Was im Handel als Mini-Hochbeet angeboten wird, hat oft jedoch wenig mit wirklichen Hochbeeten zu tun. Stattdessen handelt es sich in der Regel eigentlich eher um kleine, hohe Pflanzbehältnisse, eine Art Blumenkasten bzw. Pflanzkübel. Bei sehr anspruchsvollen Pflanzen, die nicht geerntet werden, brauchst du auch nicht unbedingt eine hochbeettypische Füllung und Erdanschluss, egal ob sie nun in einem hohen oder niederen Beet stehen.

Das dekorative Fass kann man sich auch bestens mit einer mächtigen Zucchinipflanze vorstellen (die so keine schwächeren Nachbarn bedrängen kann), und dazu vielleicht noch hängende Kapuzinerkresse

Ist der Platz auch noch so beschränkt, auch im Mini-Hochbeet wächst Gemüse.

als farbenfrohen Begleiter. In einem solchen Fall wird es dir das Gemüse danken, wenn du trotz der geringen Fläche des „Beetes" den Fassboden zumindest teilweise entfernst und das Fass hochbeettypisch mit unverrottetem Material befüllst.

Ready Mades

Recycling mit Phantasie

Anstelle eines Holzfasses kann auch aus einem Stapel alter Autoreifen ein originelles, schnell aufgestelltes Mini-Hochbeet werden. Vielleicht hast du auch noch eine Regentonne, die nicht mehr ganz dicht ist. Mit noch ein paar Löchern mehr im Boden kann sie genauso zum kleinen Hochbeet werden wie ein Schnellkomposter aus Kunststoff. Das eher unschöne Äußere lässt sich einfach durch Sichtschutzmatten kaschieren, die es in allen möglichen Designs gibt: Bambus, Weide, Schilf, Rinde oder auch künstliches Laub.

Schnell bepflanzt sind auch große Körbe oder Drahtkisten aller Art. Damit die Erde nicht durch die mehr oder weniger großen Öffnungen rieselt, legst du sie an den Seitenwänden mit wurzelfestem Pflanzvlies, Jutesäcken oder Kokosmatten aus, während der Boden entweder durch zusätzliche Schlitze oder feinen Maschendraht so präpariert wird, dass Asseln und Regenwürmer, aber keine Wühlmäuse einwandern können.

Auch große Säcke und Taschen aus nicht verrottbarem Material können auf diese Weise zu Hochbeeten werden. In den Berliner Prinzessinnengärten etwa kommen neben Bäckerkisten auch alte Reissäcke zum Einsatz.

Solche „Beete" sind meist sehr schnell geschaffen und ausgediente Dinge, die ansonsten im Müll landen würden, erfahren so eine sinnvolle Wiederverwendung. Doch nicht alle bepflanzbaren Objekte taugen für Erdanschluss und Hochbeetfüllung. Sie sind dann eher Pflanzkübel der besonderen Art als wirkliche Hochbeete. Wenn du die Wahl hast, solltest du sie lieber für Blumen und Kräuter als für Gemüse benutzen. Bedenke aber, dass Pflanzkörbe keine Drainageschicht haben und vor allzu großer Nässe geschützt werden müssen.

Warum nicht eine ausgediente Tonne ...

... oder einen Jutesack bepflanzen?

Genial einfach!

Hier wird eine Gemüsekiste zum Mini-Hochbeet.

Lass deiner Fantasie freien Lauf!

Kreative Hochbeetideen

Klassisches Hochbeet schön und gut. Aber wie wär's mal mit was anderem? So wird z. B. eine alte Badewanne oder ein Fahrrad zu einem kreativen Hochbeet, bepflanzte Stiefel werden zur Deko und Pflanzen zu lustigen Figuren. Vielleicht gibt es ja auch bei dir das eine oder andere, das sich effektvoll upcyceln lässt? Lass deiner Kreativität einfach freien Lauf!

Hochbett und -turm

Ein Klassiker unter den Recycling-Hochbeeten ist die ausgediente Badewanne. Sie ist leicht bepflanzt und eignet sich gut, um im Sitzen begärtnert zu werden. Wie wäre es, wenn du zwischen die Salatpflanzen zur Dekoration noch ein paar Quietscheentchen setzt? Das zeigt, dass die ausgediente Wanne keine Verlegenheitslösung ist, sondern ein originelles Statement. Vielleicht willst du aber auch ein Hochbett in den Garten stellen? Ein ausgedientes Bettgestell wird zum Kasten umgebaut, befüllt und bepflanzt. Oder dir gefällt der Hochbeet-Turm? Mehrere kleinere Hochbeete werden versetzt übereinander aufgestellt, sodass sie einen Hochbeet-Turm bzw. Hochbeet-Berg bilden, der mit verschiedensten Pflanzen begrünt ein schöner Sichtschutz ist.

mit mehreren Figuren. Oder integrierst ein hübsches kleines Kunstwerk oder einen Wimpel deines Lieblingsfußball-Clubs. Oder der Kürbis bekommt schon während des Wachsens ein lustiges Gesicht aufgeklebt. Auch Einkaufswagen und sogar alte Autos oder Fahrräder lassen sich zu ganz besonderen Hochbeet-Gartenobjekten umgestalten. Bohnen und Tomaten müssen nicht an schnöden Pflanzstäben wachsen, sondern

Lass dir was einfallen!

Lustige Ideen sind gefragt

Für witzige Arrangements brauchst du keinen großen Aufwand treiben – wie schon die Badeentchen zeigen. Auch alte Gummistiefel, die du bepflanzt, ein Lieblingsgartenzwerg oder eine andere originelle Keramikfigur kommt im Hochbeet – gut sichtbar aufgestellt und nur von niedrigen Pflanzen umgeben – effektvoll zur Geltung. Vielleicht opferst du ja auch etwas mehr Platz und arrangierst eine kleine Szenerie

Hochrad

Praktisch!

schmiegen sich an sprichwörtlichen Bohnenstangen-Figuren mit einem lustigen Kopf. Last but not least lässt sich natürlich auch bei der Bepflanzung spielen. Aus niedrigen Pflanzen wie rotem und grünem Pflücksalat und gelbroten Tagetes lassen sich Muster und Motive erstellen. Ein kleiner Buchs inmitten des Gemüses kann lustig beschnitten werden. Oder du hältst nach originellen Sorten wie birnenförmigen Tomaten, weißen Auberginen, Ufo-Kürbissen oder niedlichen Minipaprika Ausschau.

Hochbeet einmal anders

Hügelbeete

Idee aus China

Eigentlich ist das Hügelbeet der Klassiker unter den Hochbeeten. In vielen Gegenden der Welt, zum Beispiel im alten China oder dem südamerikanischen Inkareich, wurden Hügelbeete schon vor Hunderten oder sogar mehr als tausend Jahren angelegt. Auch im europäischen Mittelalter gab es bereits Hügelbeete. Vornehmlich dort, wo die Böden sehr feucht waren und man mit Staunässe zu kämpfen hatte.

So gesehen, ist ein Hügelbeet ein Hochbeet ohne Einfassung. Der Aufbau ist im Prinzip der Gleiche, nur kann das Hügelbeet – eben wegen der fehlenden Einfassung – natürlich nicht ganz so hoch aufgeschichtet werden wie ein Hochbeet. Dafür lässt es sich einfacher und (fast) ohne Materialaufwand anlegen. Das einzige, was nötig ist, sind eine Schaufel und etwas Ausdauer.

Gut geschichtet

Damit dein Beet eine solide Basis bekommt, hebst du das Erdreich auf der gewählten Fläche am besten etwa 25 Zentimeter tief aus. In die Grube schichtest du dann grobes Astmaterial als Drainage. Dann folgen feinere Gartenabfälle, halbfertiger Kompost und schließlich feiner Kompost oder Gartenerde. Das Prinzip ist genau dasselbe wie bei der Füllung eines Hochbeets, die im Praxiskapitel noch genauer vorgestellt wird. Damit du aber ei-

Hügelbeete bieten auf einer kleinen Gesamtfläche vielen Pflanzen jede Menge Platz.

Hügelbeete lassen sich mit Mischkulturen sehr dekorativ bepflanzen.

nen stabilen Hügel bekommst, ist es wichtig, dass du jede Schicht gut festtrittst, bevor die nächste daraufkommt. Am besten organisierst du dir die Hilfe der ganzen Familie oder von ein paar Freunden zum Trampeln. Die Seiten werden dann abgeschrägt und mit reifem Kompost oder Gartenerde bedeckt. Und natürlich wieder gut festgeklopft.

Maximal variabel

Bei einem klassischen Hochbeet ist es oft schwer, genug Füllung für den großen Kasten zusammenzubekommen. Bei einem Hügelbeet hast du dieses Problem nicht. Der Hügel wird einfach aus allem aufgeschichtet, was verfügbar ist. Um eine möglichst hitzige Rotte zu erhalten, ist es natürlich gut, wenn du so hoch wie möglich baust. Das bedarf aber auch besonderer Sorgfalt beim Errichten, damit der Hügel stabil bleibt. Außerdem braucht ein höherer Hügel natürlich auch eine breitere Basis, die nicht immer zur Ver-

fügung steht. In der Länge hast du dagegen alle Möglichkeiten. Du kannst dein Hügelbeet sogar jeden Herbst mit dem jährlichen Baum- und Strauchschnitt und allem sonstigen anfallendem Material verlängern. Dein Hügelbeet besteht dann aus einem alten und einem neuen Teil. Das ist sehr praktisch, weil du dann verschiedene Standorte für Stark- und Schwachzehrer hast. Pflanzenarten, denen ein häufiger Umzug guttut, kannst du auf diese Weise stets einen Standort anbieten und Sorten, die sich nicht vertragen, trennen. (Mehr zu Fruchtfolgen und Mischkulturen findest du im Praxisteil, siehe Seite 64 f.).

Wenn kein Platz zum Verlängern ist, kannst du aber auch jedes Jahr neue Hügel anlegen. Auch das Erneuern „verbrauchter Hügel" wird dann automatisch in das herbstliche Bauen integriert. Wenn du das konsequent machst, wird dein Boden im Garten ständig neu belebt. Das steigert den Ernteertrag und macht die Pflanzen widerstandsfähiger.

Hügelbeete müssen auch nicht schnurgerade sein, sondern können dem Gelände angepasst und so zu einem ebenso schönen

PSSSSST !

Bitte Wühlmausschutz nicht vergessen!

Auch bei einem Hügelbeet lohnt es sich, an der Basis einen Nagerschutz anzubringen. Dazu mehr im Praxisteil (siehe Seite 58)!

wie praktischen Gestaltungselement werden. Ein besonderer Clou ist zum Beispiel ein Hügelbeet in Hufeneisenform, das sich nach Süden öffnet. Im Inneren ergibt sich dabei fast automatisch eine Wärmekuhle für die Sonnenanbeter unter den Pflanzen.

On top - on the wall

Im Gegensatz zu einem flachen Beet – auch einem Hochbeet mit seiner flachen Oberfläche – bieten Hügelbeete bis zu einem Drittel mehr Platz zum Bepflanzen. Denn auch die Schrägseiten kannst du problemlos nutzen – sofern du es stabil genug angelegt hast. Zwangsläufig ergeben sich so Sonnen- und Schattenplätze. Oder anders ausgedrückt: verschiedene Mikro-Standorte. Du kannst also – und solltest auch – Pflanzen mit verschiedenen Ansprüchen auf ein Beet setzen. Das

gilt insbesondere, wenn dein Beet eine Ost-West-Ausrichtung hat. Sonnenanbeter kommen dann auf den Kamm oder die „Südhänge", während etwa zarter Salat oder empfindsame Erbsen im Schutz der anderen Pflanzen auf der geschützteren Nordseite gedeihen dürfen.

Die Schattenseiten

Hügelbeete haben allerdings auch einige Nachteile, die nicht verschwiegen werden sollen. Zum einen sind sie etwas speziell, was die Bewässerung angeht. Weil sie mehr Oberfläche als ein normales Beet haben, sind sie Sonne und Wind besonders ausgesetzt und trocknen schneller aus. Damit sie andererseits ihre Form behalten, müssen sie vorsichtig gegossen werden. Es empfiehlt sich deshalb, auf dem Kamm und entlang der Seitenwände

Kürbis-paradies!

Für die Kürbisbepflanzung kann der Kompost entweder im Halbschatten stehen ...

schon beim Anlegen des Beetes Gießrinnen zu formen. Oder halbierte PET-Flaschen ohne Schraubverschluss kopfüber in die oberste Schicht einzuarbeiten. Das Gießwasser wird dann in die Flaschen gefüllt und kann so langsam nach unten versickern. Auch bei Regen werden Erdrutsche verhindert, wenn sich das Wasser teilweise in den Gießrinnen sammeln kann. Besonders bequem für dich und schonend für das Beet ist aber eine automatische Tröpfchenbewässerung. (Dazu mehr im Praxisteil, siehe Seite 67.)

Ein weiterer Wermutstropfen: Die Wälle, die sommers mit Gemüse und Blumen bepflanzt, einen prächtigen Blickfang abgeben, sind im Winter ein etwas farb- und trostloser Anblick. Da hilft nur, sie notdürftig mit einer Mulchschicht abzudecken oder großflächig Gründüngung anzupflanzen.

Das Kompostbeet

Ideal für Kürbisse

In einem klassischem Hochbeet läuft im Prinzip die gleiche Rotte ab wie in einem Kompostbehälter. Könnte man dann eigentlich nicht gleich den Komposthaufen bepflanzen? Mit Kürbissen funktioniert das teilweise sogar recht gut. Die blattreichen Kürbisranken beschatten den Komposthaufen und bewahren ihn vor dem Austrocknen. Dafür werden sie mit reichlich Nährstoffen und Wärme entschädigt. Viele andere Pflanzen jedoch vertragen es nicht, in noch unverrottetem Material zu stehen. Kohlsorten etwa sind in dieser Hinsicht sehr empfindlich. Außerdem möchte man den Komposthaufen ja ge-

... oder an einem sonnigen Standort.

rade im Sommer für seine Bioabfälle nutzen. Die Ranken eines einzelnen Kürbis lassen sich da beiseiteschieben und bei Bedarf umdrapieren. Mit einer richtig dichten Bepflanzung ist die Weiternutzung natürlich nicht kompatibel.

Kompostwirtschaft mit mehreren Gruben

Etwas anderes ist es, wenn du eine Kompostanlage mit mehreren Kammern hast. Klassischerweise wird eine Kammer dazu genutzt, um frische Abfälle loszuwerden, in der zweiten darf der Kompost reifen. Aus der dritten wird der fertige Kompost entnommen und auf die Beete verteilt. Die Wärme des Rotteprozesses geht dabei jedoch „verloren". Das muss jedoch nicht sein. Schichte einfach in eine Kammer, bevor du mit dem Befüllen beginnst, eine Drainage aus grobem Astschnitt. Dann landen eine Weile die frischen Grünabfälle darauf. Wenn die Grube fast ganz gefüllt ist, gibst du etwa 15 Zentimeter reifen Kompost aus einer anderen Kammer obenauf. Fertig ist dein Hochbeet! Du kannst es nun bepflanzen und nutzt eine andere Kammer zum Befüllen. Wenn du drei Kammern hast, hast du also stets eine zum Kompostsammeln sowie ein frisches und ein etwas älteres Hochbeet. Sind alle Kammern voll, wird das älteste Beet geleert, der Kompost anderweitig verwendet und der Kreislauf beginnt wieder neu.

Hochbeet als Frühbeet

Vorbild Mistbeet

Frühbeete haben eine Abdeckung aus Glas oder Folie, die die zarten Pflänzchen im zeitigen Frühjahr vor kalter Luft und eisigen Winden schützt und ihnen so einen geschützten Aufenthalt im Freien ermöglicht.

Traditionell unterscheidet man zwischen warmen und kalten Frühbeeten. Im kalten

Folientunnel eignen sich gut als Frühbeetaufsatz.

Der Frühbeetaufsatz sollte hoch genug sein, damit deine Pflanzen genug Platz nach oben haben.

Beet bietet nur die Abdeckung Schutz vor Wind und Wetter. Das warme Frühbeet dagegen ist ein enger Verwandter des Hochbeets, denn wie dieses verfügt es über einen „Bioreaktor", der für angenehme Wärme an kalten Tagen sorgt. Doch es ist ein wenig ansehnlicher und nicht gerade wohlriechender Onkel. Denn beim warmen Frühbeet oder Mistbeet sorgen Pferdeäpfel oder anderer Stallmist für kuschlige Temperaturen. Wie das Hochbeet wird auch das Mistbeet schichtweise befüllt. Auf eine dicke Schicht Laub, die der Isolierung nach unten dient, werden mindestens 20 Zentimeter frischer, dampfender Tierdung, vermischt mit Stroh, geschichtet. Darauf kommen – wie beim Hochbeet – eine Lage grober sowie eine Lage feiner Kompost. Diese Erdschicht sollte ebenfalls etwa 20 Zentimeter dick sein. Mistbeete werden oft in einem unverwüstlichen Betonkasten angelegt. In der Regel aber schachtet man die Erde 60 Zentimeter tief aus, schichtet das Substrat in das Beet und setzt dann einen flachen Frühbeetaufsatz darauf.

Warum dann aber nicht gleich ein Hochbeet bauen? Diese Frage liegt auf der Hand. Mit einer lichtdurchlässigen Abdeckung, beispielsweise aus Vlies, lassen sich Hochbeete ganz einfach als warme Frühbeete nutzen, deshalb lohnt es sich, diesen Aspekt von Anfang an in die Planung mit einzubeziehen.

Wenn du weißt, dass du dein Hochbeet als Frühbeet nutzen willst, dann positionierst du es optimalerweise so, dass die vordere Längsseite nach Süden ausgerichtet ist. Für die nötige Heizung brauchst du nicht mehr zu sorgen. Die hat dein Hochbeet schon eingebaut. Wenn du mehrere Beete hast, dann eignen sich die zwei- und dreijährigen, in denen die Rotte gerade am intensivsten abläuft, am besten als Frühbeet.

Frühe Ernte

Frühbeete machen vor allem Sinn, wenn du darin einjährige Pflanzen ziehst. Du kannst dann zeitig im Jahr Salat, Radieschen und frische Kräuter ernten, aber auch die Gemüsepflanzen vorziehen, die normalerweise erst Mitte Mai ins Freie dürfen. Schon im normalen Hochbeet ist Gemüse im Schnitt ein bis zwei Wochen früher erntereif, im Hoch-Frühbeet können es sogar vier bis sechs Wochen sein. Damit sich die Pflanzen nicht die Köpfe stoßen, bevor es warm genug ist und du das schützende Glas entfernen musst, sollte genügend Platz zwischen Erdoberfläche und Glasschicht sein. 20 Zentimeter mindestens. Wie praktisch, dass sich die Erde im Hochbeet dank der Rotte über den Winter einige Zentimeter setzt! Wenn die Pflanzen größer werden, kannst du immer noch frische Erde verteilen und so für einen Ausgleich des Erdniveaus sorgen. Gerade Tomaten haben überhaupt kein Problem, wenn man sie anhäufelt. Sie bilden dann frische Wurzeln, die ihnen einen noch besseren Halt geben.

Regelmäßiges Lüften nicht vergessen!

In einem Mini-Gewächshaus kannst du früher ernten.

PSSSSST

Frühbeete auch im Winter nutzen

Frühbeete eignen sich prima, um im Winter Feldsalat anzubauen. Er ist relativ frosthart und reichert sich im Gegensatz zu anderen Salaten bei diffusen Lichtverhältnissen nicht übermäßig mit Nitrat an.

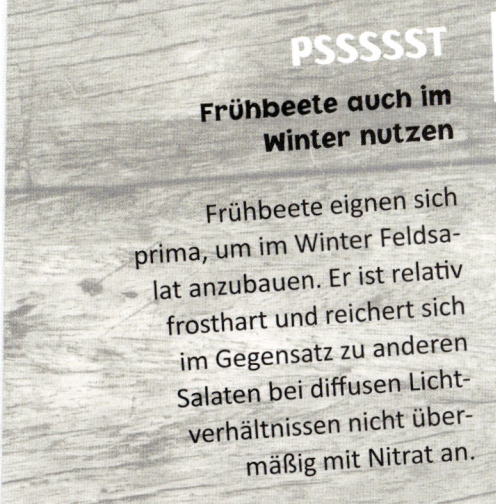

Das Hangbeet

Spannung schaffen

Wenn du einen Garten mit schrägen Flächen hast, eignen sich Hochbeete bestens, um die abschüssigen Flächen zu gliedern. Wenn bereits Stützmauern vorhanden sind, dann kaschiert ein davorgesetztes Hochbeet diese weitaus besser, als ein flaches Beet dies kann. Hochbeete eignen sich aber auch ideal, um einen Garten zu terrassieren. Er bekommt so ein unverwechselbares Aussehen und wird gleichzeitig optimal genutzt. Was von unten ein leicht zu pflegendes Hochbeet ist, erscheint von oben als flache Rabatte bzw. niedriger Pflanzkasten. Du kannst diesen optischen Eindruck noch verstärken, indem du im gleichen Hochbeet talwärts Gemüse, bergwärts Blumen und Zierstauden pflanzt. Deiner Kreativität sind hier keine Grenzen gesetzt – erlaubt ist alles, was gefällt!

Schräge Flächen werden mit einem Hanghochbeet optimal genutzt.

Ästhetik und Notwendigkeit

Gerade bei einem sehr abschüssigen Grundstück wirken mehrere Stufen wesentlich freundlicher und attraktiver als eine einzelne Mauer. Auch das lässt sich mit Hochbeeten hervorragend realisieren. Die Höhe orientiert sich im Zweifelsfall dann allerdings mehr an dem Geländeunterschied des Hangs und der Ästhetik als an dem, was für deinen Rücken optimal wäre. Auch musst du dich entscheiden, ob du dort ganz klassisch Gemüse anbauen willst. In diesem Fall gehören auch entsprechend breite und bequeme Wege in der Planung berücksichtigt. Willst du dagegen den Hang mit pflegeleichten Stauden bestücken, genügen als Zugang zu den einzelnen Stufen ein paar unauffällige Trittsteine.

Hang-Hochbeete brauchen keinesfalls kastenförmig zu sein. Vor allem mit Steinen kannst du den natürlichen Schwung des Geländes individuell nachmodellieren.

Hochbeete eignen sich gut zum Terrassieren von Hängen und schaffen neuen Platz zum Bepflanzen.

Auch in einfachen Kräuterschnecken aus Ziegeln gedeihen Kräuter optimal.

Allerdings müssen die Mauern stabil genug sein, um dem Erddruck des Hanges standzuhalten.

Die Kräuterschnecke

Spirale zum Wohlfühlen für Würziges

Eine Kräuterschnecke ist ein Hingucker für jeden Garten. Aber vielleicht fragst du dich, warum gerade Kräuter so gerne in Spiralform gepflanzt werden. Das hat einen ziemlich einfachen Grund: Küchenkräuter haben sehr verschiedene Ansprüche. Die einen lieben es schattig und feucht, andere stammen aus der Mittelmeerregion. Ihnen kann es gar nicht sonnig und trocken genug sein. Es allen recht machen zu wollen, scheint eine komplizierte Sache. Miteinander im selben Beet fühlen sie sich definitiv nicht wohl. Auf einer Spirale entstehen jedoch auf kleinstem Raum die verschiedensten Klimazonen und du kannst darauf verschiedenste Kräuter anbauen, ganz nach ihren individuellen Bedürfnissen.

Von Lavendel zu Wasserminze

Auf den exponierten Plätzen ganz oben thronen die Sonnenanbeter. Das sind vor allem Salbei, Thymian oder Lavendel. Aber auch Bohnenkraut, Lorbeer, Oregano, Ysop und Currykraut. Diese Kräuter können recht ausladend werden und beschatten die, die tiefer stehen. Aber genau das ist so gewollt. In die obere Mitte kommen Pflanzen, die keine pralle Sonne vertragen, aber trotzdem gerne trocken stehen. Das sind zum Beispiel Schnittlauch, Kümmel, Koriander, Fenchel, Borretsch und Kapuzinerkresse. Auf den tieferen Windungen, wo es feuchter ist, fühlen sich Petersilie, Kerbel, Melisse, Basilikum, Dill, Liebstöckel, Estragon, Pfefferminze, Bärlauch, Sauerampfer und Waldmeister wohl. Ganz am Fuß hat eine idealtypische Kräuterspirale dann einen kleinen Teich. Hier können auch ausgesprochene Freunde des feuchten Elements wie Brunnenkresse und Wasserminze gedeihen.

PSSSSST !

Kräuterschnecke einmal anders

Natürlich kannst du eine Kräuterspirale auch mit Blumen und Stauden bepflanzen, die zu den jeweiligen Zonen passen. Oder Blühendes und Würziges mischen!

Eine Kräuterschnecke

anlegen und bepflanzen

Eine klassische Kräuterschnecke wird von einer Trockensteinmauer eingefasst. Die Steine werden also ohne Verwendung von Mörtel oder ähnlichen Bindemitteln aufgeschichtet. Mit genormten Steinen wie Ziegeln geht das sehr einfach. Besonders harmonisch wirkt eine Kräuterspirale aus Natursteinen. Auch das ist für einen Laien zu bewältigen – und eine gute Übung, wenn du höhere Natursteinmauern planst.

Probier es mal aus!

Baumaterial

Für eine einfache Kräuterschnecke aus Ziegelsteinen von etwa 80 Zentimetern Höhe mit 2 „Umdrehungen" brauchst du etwa 150 Ziegelsteine mit einer Höhe von etwa 7, einer Breite von etwa 12 und einer Länge von etwa 25 Zentimetern. Das sind ungefähr 3 Kubikmeter. Hinzu kommt entsprechendes Füllmaterial. Das darf gut zur Hälfte aus einem Stein-Schottergemisch bestehen, zu etwa einem Drittel aus Kompost und einem Sechstel aus Sand. Und dann wären natürlich noch möglichst viele helfende Hände gut.

So entsteht die Kräuterschnecke

▶ Wähle für deine Kräuterspirale einen möglichst sonnigen Platz mit zwei bis drei Metern Durchmesser. Wenn du auch einen Teich möchtest, sollte der Anfang im Süden liegen. Sorge für einen ebenen, möglichst unkrautfreien Grund und markiere die Schneckenform mit einer ersten Lage Steine.

▶ Nun musst du nur weitere Steine versetzt auflegen. Besonders schön wird deine Schnecke, wenn die Stufen, mit denen eine neue Lage beginnt, möglichst gleichmäßig sind.

▶ Die Form füllst du schon während des Bauens allmählich. Ganz unten hinein kommt als Drainage der gröbste Schotter, den du hast, darüber feineres Material. Und direkt am Eingang, wo die Spirale beginnt, wird gleich Kompost aufgeschüttet.

▶ Je höher du kommst, desto mehr Sand mischt du in die etwa 15 Zentimeter dicke Pflanzschicht, da sonnenhungrige Kräuter magere, durchlässige Böden bevorzugen. Im obersten Bereich nimmst du dann je zur Hälfte Kompost und Sand. Nun braucht die fertige Spirale ein Weilchen Ruhe. Mindestens bis nach dem nächsten heftigen Regen.

Jetzt kommen die Pflanzen

Wenn sich die Erde gesetzt hat, ist Nachfüllen gefragt. Danach kannst du pflanzen. Auf eine Spirale dieser Größe passen etwa 12 bis 20 Kräuter. Am einfachsten ist es, wenn du die Bewohner bereits in Töpfen kaufst. Minze hinderst du daran, sich allzu breitzumachen, indem du sie gleich im Tontopf eingräbst. Und die Pflege? Kräuter haben keine großen Ansprüche. Düngen ist nicht nötig. Die Kräuter wachsen dann vielleicht etwas langsamer, entwickeln aber mehr Aroma.

Grundfläche der Kräuterschnecke markieren

... weitere Steine auflegen und Drainage-Kies einfüllen.

Ganz einfach!

Ja nach Höhe benötigst du unterschiedlich viel Füllmaterial.

Hochbeete planen und vorbereiten

Die richtige Zeit

Optimal im Herbst

Nun geht es also los! Die beste Zeit, um ein Hochbeet zu bauen, ist der späte Herbst, wenn die meisten anderen Gartenarbeiten schon getan sind. Okay, das Wetter ist dann vielleicht nicht mehr ganz so optimal, andererseits kommt man beim Materialschleppen und Schaufeln weniger leicht ins Schwitzen. Und ein paar trockene Tage lassen sich meistens auch noch im Oktober oder November nutzen.

Der Hauptgrund für diesen Termin ist die Füllung des Hochbeets. Du brauchst dafür Astschnitt, Laub, verwelkte Blumen und Stauden und jede Menge anderes Grünmaterial, wie es nun einmal nur im Herbst anfällt. Wenn du kein ganz kleines Beet planst und dein Garten nicht riesig ist, kannst du bei deinen Nachbarn nach entsprechendem Material fragen, um dein Beet gefüllt zu bekommen.

Nach und nach

Glücklicherweise wird im Herbst nicht mehr angepflanzt. Das bedeutet auch, dass du dein Hochbeet nicht auf einmal füllen musst. Hauptsache, die Drainageschicht aus Astschnitt und anderem gro-ben Material wird fertig. Danach kannst du das künftige Hochbeet den ganzen Winter über als Komposthaufen benutzen und erst im zeitigen Frühjahr mit Erde auffüllen und endgültig pflanzfertig machen.

Sollte dieser Zeitplan aus irgendeinem Grund nicht möglich sein, dann bedarf es unter Umständen einigen Organisationsaufwand, um das nötige Füllmaterial zu besorgen. Das Baumaterial für die Einfassung dagegen lässt sich im Gegensatz zum Grünabfall in aller Regel rund um das Jahr problemlos käuflich erwerben, sodass es hier keine zeitlichen Vorgaben gibt.

Für dein Hochbeet brauchst du jede Menge Füllmaterial, unter anderem auch viel Gartenerde.

Die passende Größe

Möglichst bequem

Hochbeete sollten möglichst groß sein, heißt es oft. Wenn man nur die Rottevorgänge im Inneren im Blick hat, stimmt das auch. Doch die absolut optimale Rotte ist eben nicht alles. Wichtiger ist, dass du Spaß am Gärtnern hast. Deshalb steht deine Bequemlichkeit im Mittelpunkt, wenn es um die optimale Größe des Beetes geht. Konkrete Empfehlungen machen da wenig Sinn. Welche Arbeitshöhe du komfortabel findest, hängt von deiner Körpergröße und der Art, wie du bequem stehst (oder sitzt) ab. Ein guter Orientierungspunkt ist die Höhe der Arbeitsflächen in deiner Küche. Die bist du gewohnt und weißt, ob sie für Dich optimal oder etwas zu tief oder zu hoch sind.

Die Tiefe des Beetes hängt von der Länge deiner Arme ab. Am besten nimmst du an einer ebenen Fläche in der gewünschten Höhe Maß und probierst aus, wie weit du reichen kannst. Aber denke daran, dass du die fernsten Regionen deines Beetes nicht nur erreichen können musst, sondern dort auch arbeiten – und erkennen solltest, was du tust.

Materialschlacht

Je größer das Hochbeet wird, desto mehr Material schluckt es auch. Dies muss, wie schon erwähnt, erst einmal beschafft und anschließend bewegt werden. Für ein moderat großes Hochbeet von 1,80 Metern Länge, 80 Zentimetern Höhe und 70 Zentimetern Tiefe brauchst du einen Kubik-

Ist das Hochbeet an deine Größe und Reichweite angepasst, macht das Gärtnern so richtig Spaß!

meter Füllung, wovon etwa die Hälfte Erde ist. Aber allein die wiegt etwa 0,8 Tonnen, durchnässt noch mehr. Je größer dein Beet ist, desto mehr Erddruck lastet auch auf der Einfassung. Mehr als zwei Meter lange Wände etwa brauchen Zwischenstützen, um nicht mit der Zeit auseinandergedrückt zu werden.

PSSSSST

Familienhochbeet

Wenn du nicht alleine gärtnerst, sondern zusammen mit deiner Familie und deinen Kindern, denke auch daran deine Mitnutzer und -nutzerinnen zu fragen, welche Maße sie bequem finden!

Der Standort

Schatten und Sonne

Vielleicht weißt du ja schon, wo dein Hochbeet stehen soll. Etwa weil es in erster Linie als Gestaltungselement dienen soll. Oder weil dein Garten wenig Alternativen bietet. In diesem Fall musst du die Bepflanzung dem Standort anpassen. Denn im Schatten Paprika und Tomaten ziehen zu wollen, macht einfach wenig Sinn. Zarter Salat und andere Blattgemüse dagegen vertragen auch gut eher schattige Standorte. Ebenso wie die verschiedenen Kohlsorten, Wurzelgemüse, Erbsen, Bohnen, Lauch und Zwiebeln sowie Beerensträucher und Rhabarber.

Tomaten und Paprika, Auberginen und Zucchini stammen dagegen aus sonnenverwöhnten Ländern und lieben es warm. Sie werden es dir danken, wenn du ihnen den sonnigsten Platz zur Verfügung stellst, der möglich ist. Wenn du die Wahl zwischen Abend- und Morgensonne hast, dann ist der Standort mit Morgensonne der bes-

Ein gut zugänglicher Platz ist wichtig, damit du problemlos pflegen, pflanzen und ernten kannst.

sere. Denn wenn das Beet früh am Tag schön aufgeheizt wird, zehren die Pflanzen noch den ganzen Nachmittag davon. Und werden an sehr heißen Sommertagen vor zu starker Austrocknung oder gar – nein, kein Witz! – Sonnenbrand geschützt.

Ein sehr guter Standort für Hochbeete ist an einer Gartenmauer oder Hauswand. Vor allem helle Wände reflektieren die Sonne. Außerdem stehen die Pflanzen windgeschützt und trocknen weniger schnell aus. Insgesamt ist Wind aber kein großes Problem, auch wenn die Pflanzen ihm an ihrem erhöhten Standort natürlich stärker ausgesetzt sind. Eine Wand im Rücken kann auch zur Befestigung von Rankhilfen dienen.

Arbeiten rund ums Beet

Überhaupt ist es von Vorteil, wenn du dir alle Arbeiten rund um dein Hochbeet so gut wie möglich ausmalst, bevor du dich für einen Standort entscheidest. Du musst

PSSSSST

Vorausschauend planen

Allerdings ist ein Hochbeet an einer Wand natürlich nur von einer Längsseite zugänglich. Du darfst es also nicht zu tief bauen, sodass du an der hinteren Seite auch noch gut arbeiten kannst.

es gießen, pflegen und irgendwann auch ausbessern und neu befüllen. Ein schwer zugänglicher Platz kann da ständig wiederkehrende Probleme bescheren. Vergiss auch das Rasenmähen nicht. Insbesondere, wenn dein Hochbeet keine geraden Kanten bekommen soll. Ein von gewundenen Trockensteinmauern eingefasstes Beet auf dem grünen Rasen sieht zwar äußerst schick aus, erschwert aber auch die Rasenpflege.

Wenig Gedanken musst du dir dagegen um den Untergrund machen. Im Gegenteil! Hochbeete ermöglichen gerade das Gärtnern auf schlechten, kargen oder verdichteten Flächen. Auch die Gefahr, dass Unkräuter durch die Drainageschicht bis nach oben wandern, besteht nicht.

Jenseits von Gemüse

Ein Beet voller Düfte

Bislang war sehr viel von Gemüse die Rede. Das liegt daran, dass die Vorteile eines Hochbeets bei Tomaten und Paprika, Zucchini und Kohlgewächsen am größten sind. Wenn du aber gar keine Lust auf Gemüse hast oder dein Hochbeet an einen Standort soll, der dafür nicht geeignet ist, dann gibt es noch jede Menge anderer Möglichkeiten für die Bepflanzung.

Wie wäre es zum Beispiel mit einem Dufthochbeet? Düfte entfalten sich am besten in bewegter Luft. Dufthochbeete eignen sich deshalb besonders gut als Windschutz für einen Sitzplatz. Die Pflanzen bremsen den Wind und entfalten dadurch auch den ganzen Reichtum ihrer Aromen. Außer Blu-

Im Dufthochbeet ist Lavendel einfach der Renner. Er dient als echter Blickfang und Sichtschutz.

Pflanze deine Erdbeeren mit entsprechend Abstand ins Hochbeet ...

men machen sich hier auch noch wohlriechende Kräuter gut, die – wenn's passt – direkt über die Speisen gestreut werden dürfen. Zum Beispiel die verschiedensten Arten von Minze und Thymian, etwa Erdbeerminze und Orangenthymian, dazu Zitronenverbenen (die auch ein wunderbares Kraut für Kräutertees sind) sowie Lavendel und Salbei. Der Wind- und Sichtschutz funktioniert besonders gut, wenn du auch noch Rankhilfen für Kletterrosen, Blauregen, Geißblatt und andere wohlriechende Himmelsstürmer mit einplanst.

Zum Naschen

Wahrscheinlich denkst du jetzt zuerst an Erdbeeren. Die roten Früchtchen lassen sich tatsächlich prima im Hochbeet ziehen. Denn wenn man es richtig macht, sind sie relativ pflegeintensiv. Das Entfernen von abgestorbenen Blättern, das Unterfüttern mit Stroh, damit die Früchte nicht faulen, und das Entfernen bzw. richtige Einpflanzen von Ausläufern lassen sich im Hoch-

beet sehr viel bequemer durchführen – von der Ernte gar nicht erst zu reden.

Doch es gibt auch gute Argumente für höhere Obststräucher wie Kultur-Blaubeeren, Himbeeren, Mini-Kiwis, Kornelkirschen, Felsenbirnen oder Stachelbeeerhochstämmchen im Hochbeet. Himbeeren etwa tendieren dazu, ihre Wurzelausläufer großflächig im Garten zu verteilen. Ein Hochbeet legt ihnen da Zügel an. Allzu hoch sollte es jedoch nicht sein, damit sie noch bequem geerntet werden können. Blaubeeren dagegen brauchen auch in ihrer Zuchtform einen speziellen, sauren, waldähnlichen Boden (etwa aus Rindenhumus und Kokosfaser), den ihnen ein Hochbeet exklusiv liefern kann. Und im Gegensatz zu einem Kübel besteht hier auch nicht die Gefahr von Staunässe, die sie gar nicht mögen. Sie lassen sich auch gut mit niedrigeren Preiselbeeren und Cranberrys kombinieren, die ähnliche Böden lieben. Kornelkirschen und Felsenbirnen wiederum lassen sich gut in Form schneiden. In einem eher niedrigen Hochbeet werden sie so zu einem attraktiven Sichtschutz.

... und du kannst dich über reiche Ernte freuen.

Mithilfe eines Rankgitters können auch Weintrauben und Brombeeren gedeihen.

Blüten übers Jahr

Blütenpflanzen haben ihre Hauptsaison im Sommer. Meist dauert sie nicht den ganzen Sommer und wenn sie vorbei ist, bleibt oft nur unscheinbares Grün. In Parkanlagen werden deshalb besonders exponierte Beete mehrmals im Jahr mit wechselnden blühenden Pflanzen bestückt. Ein solches permanentes Blütenmeer macht natürlich nicht nur Freude, sondern auch besonders viel Arbeit, die sich jedoch im Hochbeet wesentlich einfacher erledigen lässt. Dafür bilden die Blüten in luftiger Höhe einen besonders schönen Blickfang.

Gestaltung

Das Drumherum

Du kannst dein Hochbeet natürlich einfach auf die grüne Wiese stellen. Aber wahrscheinlich werden sich schon während der Bauphase unschöne Trampelpfade dorthin und rund um das Beet bilden, weil du dort regelmäßig arbeitest und erntest. Wenn solche Pfade nicht zum Konzept deines Gartens passen, dann macht es Sinn, zusammen mit dem Beet einen geeigneten Weg und eine trittfeste Umrandung zu bauen. Gärtnert jemand mit eingeschränkter Mobilität mit oder droht eine solche in den nächsten Jahren, dann sollten all diese Wege und die unmittelbare Umgebung des Beetes, die man beim Arbeiten betritt, absolut glatt und eben sein. Ansonsten brauchst du

Eine trittfeste Umrandung um dein Hochbeet verhindert unschöne Trampelpfade.

nicht unbedingt eine halbe Autobahn durch deinen Garten legen und das Erdreich komplett versiegeln, sondern kannst auch mit einzelnen Trittsteinen, Lochpflaster, Kies, Sand oder Rindenmulch bei der Gestaltung arbeiten.

Meist erleichtert es auch künftiges Arbeiten, wenn ein Wasseranschluss verlegt oder eine Stufe entfernt wird. Je intensiver du solche Überlegungen einbeziehst, desto mehr Freude wirst du später an deinem Beet haben.

Neue Perspektiven

Ein Hochbeet kann aber auch dem Garten ein völlig neues Gesicht geben. Wäre nicht ein neuer Sitzplatz ganz in der Nähe des Beetes schön, um das neue Hochbeet gebührend zu bewundern oder aber während der Arbeit am Beet eine Pause zu machen? Eine Sitzgelegenheit macht das Beet selber noch attrakiver. Oder bietet sich ein kleines Tischchen zum Abstellen für Samentütchen und Arbeitsgerät an?

Baumaterial – die Qual der Wahl

Materialcheck

Die Grundfragen

Nun kommen wir zu der entscheidenden Frage, aus welchem Material dein künftiges Hochbeet sein soll. Wahrscheinlich hast du dir darüber bereits Gedanken gemacht, das ein oder andere vielleicht näher in den Blick genommen, anderes ausgeschlossen. Trotzdem lohnt es sich, einmal unvoreingenommen darüber nachzudenken. Denn nicht immer ist das, was spontan gefällt, auch das optimale, dafür tun sich manchmal Möglichkeiten auf, die man anfangs gar nicht im Fokus hatte.

Generell lässt sich jedes Material benutzen, das einigermaßen witterungsbeständig und ökologisch unbedenklich ist. Für dich gilt es, herauszufinden, was

- am besten der geplanten Nutzung entspricht,
- deinen eigenen handwerklichen Fähigkeit entspricht, bzw. ob du professionelle Hilfe in Anspruch nehmen willst,
- gut verfügbar ist,
- zu deinem finanziellen Budget passt.

Das Angebot sichten

Hochbeete liegen im Trend. Das bedeutet auch, dass der Handel die verschiedensten Angebote bereithält: in diversen Grö-

Welches Hochbeet soll es sein? Eine einfache Variante? Oder Luxushochbeet mit Frühbeetaufsatz?

ßen und Materalen, von ganz einfach bis edel. Viele können ohne jedes technische Vorwissen installiert werden, für andere reicht es, einen Akkuschrauber benutzen zu können. Auch wenn du dein Hochbeet selbst bauen willst, lohnt ein Gang durch die Geschäfte, um sich Anregungen zu holen.

Doch nicht alles, was angeboten wird, taugt auch wirklich. Manche dünnen Bleche oder windigen Kunststoffklickverbindungen halten dem Erddruck nicht einmal einen Hochbeet-Zyklus lang stand. Andere Holzelemente sind chemisch imprägniert und nach der Verwendung Sondermüll. Auch wenn scharfe Kanten oder absplitterndes Holz zu einem ständigen Ärgernis werden, war die Billiglösung am Ende keine gute Lösung.

Holz

Einfach und nachhaltig

Holz ist das gängigste Material für Hochbeete. Es ist recht preiswert, leicht zu bekommen und gut zu verarbeiten. Außerdem bietet es jede Menge Möglichkeiten bei der Gestaltung. Holz hat aber auch einen großen Nachteil: Die natürlichen Kreisläufe sind darauf ausgelegt, tote Bäume mit der Zeit zu beseitigen. Wenn Holz mit Feuchtigkeit in Kontakt kommt, beginnen fleißige Kleinstlebewesen mit dem schleichenden Abbau.

Um Holz zu schützen, wird oft empfohlen, imprägnierte Bretter zu verwenden. Doch ökologisch ist dieser Rat nicht. Die gängigste und billigste Art, Holz vor dem Verrotten zu schützen, ist die Kesseldruckim-

Einfache stabile Holzbretter sind für viele die erste Wahl als Hochbeetmaterial.

prägnierung. Wenn Holz bei genauem Hinsehen einen leicht grünlichen, unnatürlichen Schimmer hat, dann ist das ein Zeichen für eine solche Behandlung. Dabei werden schützende Chemikalien in das Holz eingebracht. Ein Teil davon laugt mit der Zeit aus und geht in den Boden über. Selbst wenn die Emissionen unter den gesetzlichen Grenzwerten liegen, ist das nicht unbedingt etwas, was man ausgerechnet in seinem Gemüsebeet haben möchte. Außerdem muss ein so behandeltes Holz nach dem Gebrauch als Sondermüll entsorgt werden.

Auch mit Restholz aus der Schreinerei lässt sich ein schmuckes Hochbeet bauen.

PSSSSST

Vorteil Bausatz!

Wer sich nicht aufs Handwerken versteht, kann mit einem Bausatz schnell und einfach eine Pflanzkiste anfertigen. Darüber hinaus ist darin alles, was du für den Aufbau benötigst, enthalten.

Die Alternativen

Es gibt jedoch andere Möglichkeiten, das Holzschutz-Problem zu lösen. Eine davon ist, Thermoholz zu benutzen. Dieses wird hohen Temperaturen von etwa 200 Grad ausgesetzt. Dabei wandelt sich die Zellulose zu Lignin, das weniger schnell verrottet. Thermoholz vergraut jedoch und ist auch recht teuer.

Eine andere, ebenfalls nicht ganz billige Methode ist die, Bretter aus edlen, witterungsbeständigen und nachhaltig produzierten Harthölzern wie Robinie, Douglasie, Lärche oder Eiche zu benutzen, die mindestens 4 Zentimeter dick sind. Idealerweise wird das Hochbeet auch noch so konstruiert, dass jeglicher Kontakt mit Feuchtigkeit und der Erde vermieden wird. Ein Beet ohne Erdkontakt? Das klingt illusorisch, ist aber gar nicht so schwierig. Wenn du sowieso rund um dein Beet einen Trittweg aus Steinplatten planst, dann verlege sie so, dass der Rah-

Tolles Upcycling: ein nachhaltiges Hochbeet aus alten Euro-Paletten.

men noch auf dem Stein, nicht auf der Erde steht. Innen kleidest du die Einfassung dann mit Folie aus, sodass jeder Erdkontakt vermieden wird. Wenn du dann noch am oberen Rand der Einfassung eine waagrechte, etwas überstehende Abschlusskante anbringst, die verhindert, dass Regen innen und außen direkt an den Brettern der Einfassung herunterläuft, dann hast du eine Einfassung, die trotz des Arbeitsmaterials Holz mehrere Hochbeet-Zyklen überstehen wird.

Die Abschlusskante selbst, die natürlich dem Wetter besonders ausgesetzt ist, kannst du mit ungiftigen Ölen widerstandsfähiger machen. Du streichst die Bretter mehrmals, bis sie kein neues Öl mehr aufnehmen. Wenn du diese Prozedur jedes Frühjahr wiederholst, werden auch sie lange halten. Wenn aber nicht, musst du nur sie erneuern, nicht die ganze Beeteinfassung.

Mit Fundament und Abschlusskante ist dein Hochbeet besonders langlebig.

Das Einwegbeet

Einfacher und kostengünstiger ist es, den Rahmen des Hochbeets einfach aus billigen, unbehandelten Kiefern- oder Fichtenbrettern zu bauen. Sie verrotten leicht und werden nur gerade mal einen Hochbeet-Zyklus überstehen. Na und? Du kannst sie danach eventuell – ohne tragende Funktion – noch eine Weile als Einfassung für Flachbeete benutzen. Oder aufgestapelt als Totholz und Unterschlupf in einer Ecke des Gartens weiterrotten lassen, worüber sich viele kleine Nützlinge noch eine Weile freuen werden.

Rustikaler Charme

Das gängigste Baumaterial für Hochbeete sind standardisierte, gehobelte Bretter. Doch es gibt eine Menge spannender Alternativen. Du kannst zum Beispiel auch sogenannte ungesäumte Bretter oder Schwartlinge verwenden. Das sind raue, unregelmäßige Längsschnitte, die an den Kanten noch von Rinde gesäumt sind. Sie geben dem Beet einen besonders natürlichen Charme, sind aber nicht ganz so leicht zu verarbeiten und auch nicht unbedingt standardmäßig im Baumarkt erhältlich. Außerdem können sich zwischen den Brettern beträchtliche Lücken auftun. Damit nicht zu viel Erde herausgeschwemmt wird, braucht es inwändig unbedingt eine Folie oder ein Vlies.

Auch aus Rundhölzern lassen sich prima Hochbeete bauen. Sie werden quer genommen, an den Enden mit Kerben oder Löchern versehen und über Eck verkeilt. Wenn dir jemand diese Kerben bzw. Löcher schneidet, ist der Aufbau ganz leicht. Oder du stellst sie als Palisade der Länge nach nebeneinander, wozu du sie allerdings tief genug in die Erde schlagen solltest. Rundhölzer kannst du auch mit Rinde bekommen. Die sieht nicht nur gut aus, sondern stellt einen natürlichen Verwitterungsschutz dar.

Verzichte auf chemische Lasuren!

Unbehandelte Kiefern- und Fichtenbretter sind besonders kostengünstiges Hochbeet-Baumaterial.

PSSSSST !

Ungesättigte Fettsäuren zum Ölen!

Geeignet zum Ölen sind – wie auch für die menschliche Gesundheit – Öle mit einem hohen Gehalt ungesättigter Fettsäuren wie Leinöl. Denn je ungesättigter, desto besser härten sie im Holz aus.

Konisch bauen

Mit Rundhölzern lassen sich auch recht leicht konische Beete bauen, die nach oben hin immer breiter werden. Das hat zwei Vorteile: Regen und überschüssiges Gießwasser laufen nicht direkt am Holz herunter, was dessen Lebensdauer erheblich erhöht. Und: Du hast, auch wenn du beim Arbeiten direkt an die Beetkante trittst, immer genügend Platz für deine Füße. Rundholz-Einfassungen allerdings so konisch anzulegen, dass man bequem im Sitzen gärtnern kann, ist schwierig.

Weidengeflecht

Das Mittelalter lässt grüßen

Eine besonders schöne und nostalgische Form, Hochbeeteinfassungen zu gestalten, sind Weidengeflechte. Wahrscheinlich hast du so etwas schon einmal auf mittelalterlich getrimmten Bauerngärten gesehen. Solche Einfassungen herzustellen ist nicht so schwer, wie es vielleicht wirkt. Was du dazu brauchst, sind jede

Ein Hochbeet aus Weidengeflecht setzt im Garten neue Akzente.

Menge junger, biegsamer Zweige. Sie sollten mindestens 1,20 Meter lang und über einen Zentimeter dick sein, sonst halten sie später dem Erddruck nicht stand. Besonders geeignet sind die Zweige der verschiedenen Weidenarten, aber du kannst auch passende Ruten von Haftsträuchern, Erle, Magnolie, Fichte, Linde, Liguster, Rotbuche, Pappel, Esche oder Ahorn benutzen. Wichtig ist, dass die Zweige biegsam und elastisch sind, sonst brechen sie beim Flechten.

Kreative Beschaffung

Doch woher nehmen, wenn nicht stehlen? Du kannst sie nach und nach sammeln. Offizielle Erntezeit für Weidentriebe ist der Winter ab dem Zeitpunkt, an dem die Bäume ihre Blätter verloren haben, bis zum neuen Austrieb im Frühjahr. Im Gegensatz zu anderen Ästen werden gelagerte, trockene Weidenzweige wieder weich und biegsam, wenn man sie etwa

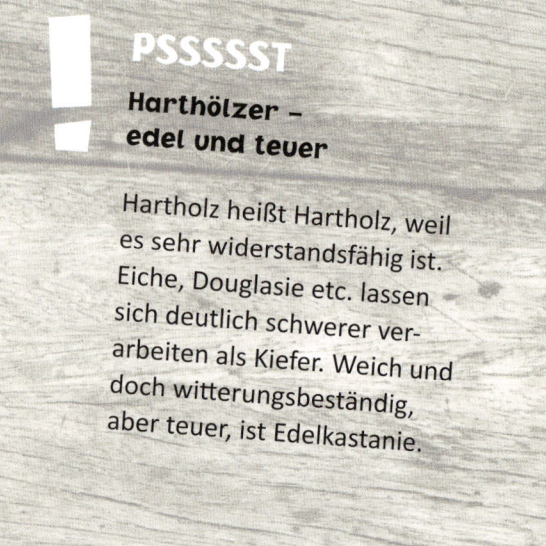

PSSSSST

Harthölzer – edel und teuer

Hartholz heißt Hartholz, weil es sehr widerstandsfähig ist. Eiche, Douglasie etc. lassen sich deutlich schwerer verarbeiten als Kiefer. Weich und doch witterungsbeständig, aber teuer, ist Edelkastanie.

10 Tage lang wässert (zum Beispiel im Gartenteich). Sie können dann bis zu vier Tage lang verarbeitet werden und schrumpfen im Gegensatz zu frischen Zweigen nicht mehr. Weidenzweige zum Flechten werden aber auch kommerziell gezüchtet und angeboten.

Doch das kannst du auch, wenn du über genügend Geduld verfügst. Weiden sind nämlich enorm austriebsfreudig und wachsen schnell. Stecke frische Weidenstecklinge an einer geeigneten Stelle in einem großen Kreis in den Boden. Deren Triebe werden sich, wenn sie immer gut gewässert werden, schon bald – und sicher zur Freude deiner Kinder – zu einem Weideniglu verflech-

ten lassen. Wenn dann nach einigen Jahren ein neues Hochbeet fällig ist, kannst du die Zweige für Flechtwände ernten.

Gut geflochten

Weidenbeete sind meist rund oder oval. Doch die Form ist der Ästhetik geschuldet. Theoretisch kannst du Weidenzweige auch im 90-Grad-Winkel um einen Eckpfosten biegen. Markiere die Form, indem du im Abstand von etwa 30 Zentimetern sogenannte Steher in die Erde treibst. Im Prinzip reichen dicke, gerade Äste, die etwa 40 Zentimeter länger sind als die gewünschte Beethöhe. Aber du kannst natürlich auch hochwertige Hartholzpfähle benutzen. Wenn du die Spitzen über einer

Weiden-ruten

Je stabiler die Ruten sind, desto höher kannst du dein Hochbeet bauen.

Flamme ankohlst, steigen die Chancen, dass sie trotz Erdkontakt weniger schnell verwittern.

Wenn die Steher gesetzt sind, werden die elastischen Zweige darum herum geflochten. Das geht am besten aus dem Inneren des künftigen Beetes heraus. Das Flechten erfordert etwas Übung und Fingerfertigkeit. Aber wenn man den Bogen einmal raus hat, ist es im wahrsten Sinne des Wortes kinderleicht. Bei einem Weidenbeet kann tatsächlich die ganze Familie mitmachen.

Besonders am oberen Rand muss jedoch sehr dicht und sorgfältig geflochten werden, um einen stabilen Abschluss zu bekommen. Hebe dir also besonders schöne und lange Zweige dafür auf. Alles, was übrig bleibt, kann in die Drainageschicht wandern.

Das Reisigbeet

Eine ebenfalls schöne Alternative ist, trockenen Reisig zu schlanken Bündeln zusammenzufassen. Diese werden dann ebenfalls zwischen die Steher geflochten. Oder du schlägst zwei Reihen Steher in einem Abstand, der der Dicke der Bündel entspricht, ein und schichtest die Reisigbündel dann dazwischen.

Stein

Norm oder Natur

Stein ist ein Naturmaterial und kann optisch jede Menge hermachen. Außerdem mögen gerade wärmeliebende Pflanzen die Nachbarschaft von Steinen, weil diese sich in der Sonne gut aufheizen und die gespeicherte Wärme dann nach und nach an ihre Umgebung abgeben.

Beim Bauen mit Steinen ergeben sich zwei sehr grundsätzliche Fragen:

1. Willst du mit Natursteinen oder genormten Steinen arbeiten?

2. Willst du Trockensteinmauern errichten oder mit Mörtel mauern?

Dieses Hochbeet besteht aus behauenen Natursteinen und Mörtel.

PSSSSST

Zwischenräume abdichten!

Damit bei einer Flechtwand die lockere Erde nicht durch die Ritzen ausgeschwemmt wird, werden beim Befüllen große Blätter oder Laub zwischen Erde und Einfassung gelegt. Auch eine Isolierung mit Folie ist geeignet.

Bei einem Beet mit einer Trockenmauer aus Steinen werden diese einfach aufeinandergeschichtet.

Unregelmäßig geformte Natursteine wirken auf den ersten Blick vielleicht attraktiver als normierte Steine oder Ziegel. Sie sind allerdings auch sehr viel schwerer zu verbauen.

Gemauerte Einfassungen sind für die Ewigkeit und überstehen mehrere Hochbeetzyklen. Allerdings ist das Ausschaufeln und Neubefüllen – sofern du das planst – mühsamer. Und wenn das Beet mal stören sollte, ist es auch nicht leicht zu entfernen.

Trockensteinmauern dagegen werden ohne Mörtel aufgeschichtet und halten nur durch das Gewicht der Steine zusammen. Damit sie stabil sind, müssen sie sehr sorgfältig geschichtet werden. Mit genormten Steinen ist das recht einfach. Ebenso einfach können sie wieder abgetragen werden, wenn ein Hochbeet neu aufgeschichtet, verlegt oder in seiner Form verändert werden soll. Je größer und höher dein Beet allerdings werden

soll, desto dicker und schwerer müssen Trockensteinmauern werden, um dem Erddruck standzuhalten.

Kunstwerk Trockensteinmauer

Das Errichten von Trockensteinmauern aus Natursteinen ist eine alte Kunst, die früher vor allem von Bauern zur Einfriedung ihrer Felder und Weiden gepflegt wurde. Grundsätzlich kann sie auch von Laien ausgeübt werden, doch vor allem am Anfang wird es nur mit viel „trial and error" möglich sein, die Steine so zu wählen, dass sich eine solide Mauer ergibt.

Zudem werden Trockensteinmauern mit einer leichten Neigung gegen den Hang gebaut. Bei einem Hochbeet heißt das: schichtweise Mauern und Füllen. Es heißt aber auch: Ein Hochbeet mit einer Naturstein-Trockenmauer lässt sich nur sehr bedingt erneut ausschachten und neu befüllen. Ein Einreißen wäre aber nicht nur wegen der vielen Arbeit, die das Errichten gekostet hat, schade, sondern auch, weil sich so eine Trockenstein-Mauer über die Jahre zu einem einzigartigen ökologischen

PSSSSST

Werde kreativ!

Wer behauptet, dass Hochbeete nur aus einem einzigen Material bestehen dürfen? Du kannst den Fuß mauern und darauf einen bei Bedarf leicht abnehmbaren Holzrahmen setzen.

Biotop entwickelt. Die Ritzen zwischen den Steinen werden sich begrünen – sofern du nicht selbst geeignete Pflanzen dort aussähst oder einpflanzt. Außerdem bieten Trockensteinmauern vielen nützlichen Tieren Unterschlupf. Du kannst sogar bewusst Niststeine integrieren.

Ecken und Stufen

Die Verwendung von genormten Steinen dagegen bietet fast unbegrenzte Möglichkeiten. Der Handel bietet eine Fülle von Steinelementen für die Gartengestaltung und vieles davon ist auch für den Bau von Hochbeeten geeignet. Grundsätzlich kannst du alles benutzen, was frostfest ist. Schau dich einfach mal um und lass deine Fantasie spielen. Vielleicht hast du aber auch die Chance, günstig an gebrauchte Steine zu kommen und ihnen eine neue Verwendung zu geben.

Steine sind besonders geeignet, wenn dein Beet eine anspruchsvolle Form be-

Mit Steinen kannst du viel anstellen.

Die Ritzen der Trockensteinmauern bieten kleinen Tieren einen Unterschlupf.

kommen soll; etwa wenn du um die Ecke bauen willst oder dein Beet an drei Seiten um einen Sitzplatz herum planst. Oder wenn es in der Höhe abgestuft werden soll.

Gabionen

Praktische Steinkörbe

Gabionen sind große, mit Steinen gefüllte Metallkörbe. Sie sind eine eher wenig bekannte, aber äußerst interessante Möglichkeit ein Hochbeet zu bauen. Vielleicht sind sie dir schon einmal entlang von Straßen aufgefallen. Dort werden riesige Gabionen benutzt, um Abhänge zu stabilisieren oder Schallschutzwände zu errichten.

Im Handel bekommst du Gabionen in den verschiedensten, gartentauglichen Größen. Viele sind für Mauern gedacht, können aber auch als Wandelemente für ein Hochbeet verwendet werden. Du stellst

Rund, eckig, geschwungen? Mit Steinen gestaltest du dein Hochbeet ganz nach Geschmack.

Mit Steinen gefüllte Gabionen haben sich zu einem echten Trend entwickelt.

die Körbe nach Vorschrift auf und füllst die etwa 10 bis 12 Zentimeter starken Wandelemente dann mit losem Gestein. Welcher Art, das hängt ganz von deinen Vorlieben ab.

Oben auf die steingefüllten Korbwände kannst du eine breite Holzabdeckung legen. Das sieht gut aus, verhindert, dass du dich an den Metallrändern stößt, und verschafft dir eine praktische Ablagefläche. Ein niedrigeres Gabionenbeet mit breiten Wänden kann auch gut mit einem Sitzbrett ausgestattet werden, das zum Verweilen einlädt.

Klein und ohne Stein

Extrabreite Gabionen – es gibt sie etwa mit einem Meter Höhe, einem Meter Länge und einer Breite von 50 Zentimetern – sind aber auch eine Möglichkeit, sehr schnell ein kleines Hochbeet zu bauen. Die Körbe werden dabei nicht mit Steinen gefüllt, sondern direkt mit hoch-

beettypischen Schichten aus Grünmaterial und Erde.

Wenn du es dir einfach machen willst, kleidest du die Gabione lediglich innen mit wurzelfestem Vlies, Kokosmatten oder Jutenetzen aus, um zu verhindern, dass die Füllung durch die Maschen nach außen gedrückt wird. Wenn dir das optisch zu wenig ansprechend erscheint, kannst du die Körbe auch von außen in Sichtschutzmatten hüllen.

Schön stabil!

Beton

Fertig oder gegossen

Beton und Garten geht für viele nicht zusammen. Doch hier lohnt sich ein zweiter Blick. Beton ist stabil, witterungsbeständig und ökologisch unbedenklich. Fertige Betonelemente – ob speziell für den Garten gefertigt oder nicht – gibt es in vielen verschiedenen Ausführungen. Sie können –

Auch Beton kann im Garten tolle Akzente setzen.

Ein Betonring, eingefasst mit Mauersteinen.

ähnlich wie Normsteine – oft sehr einfach und auch trocken verbaut werden.

Einen besonderen Clou stellen Schachtringe aus Beton dar. Es gibt sie mit verschiedenen Durchmessern und in Höhen von 25, 50, 75 und 100 Zentimetern. Wegen ihres Gewichts müssen sie zwar von einem LKW mit Kran angeliefert werden. Doch wenn die Ringe liegen, ist das Hochbeet auch schon fertig und kann befüllt werden. Mit seiner runden Form ist es optisch auf jeden Fall ein Hingucker.

Beton zu gießen ist aufwendig und eine Arbeit für Profis. Aber wenn es um eine dauerhafte Gartengestaltung geht, vor allem wenn das künftige Hochbeet dazu dienen soll, einen Hang abzustützen, dann kann eine Gussbetonmauer die beste Lösung sein. Im Prinzip lässt sich Beton auch in alle möglichen Formen bringen.

Doch je weniger geradlinig, desto aufwendiger – und teurer – ist es natürlich auch, für den Guss erst einmal die passende Schalung anzufertigen.

Schmuck verkleidet

Es gibt Menschen, die mögen den rauen Charme des nackten Betons. Wenn du nicht dazugehörst, dann kannst du die Betonwände mit Farbe oder Mosaiken beliebig verzieren – oder einen künstlerisch begabten Freund dazu überreden, sie zu gestalten. Aber auch ein teilweises Verdecken durch Hängepflanzen wirkt schon Wunder. Kapuzinerkresse etwa erstrahlt auf dem Grau besonders leuchtend.

Metall

Schein und Sein

Auch Metall kann ein sehr geeignetes Material für Hochbeete sein. Edelstahl etwa

Viele moderne Design-Hochbeete sind inzwischen aus Metall.

ist haltbar und stabil und dabei leicht. Überall dort, wo Gewicht eine Rolle spielt – etwa auf einem Balkon oder einer Dachterrasse –, sind Beete aus Metall also eine Überlegung wert. Oder wenn du möglichst wenig Mühe haben willst. Viele fertige Beetkästen oder Bausätze sind aus Metall. Es gibt sie silbern, schwarz oder auch farbig beschichtet und an der Oberfläche strukturiert. Besonders edel wirkt eine rotbraune, künstliche Rost-Patina.

Im Einzelfall ist es jedoch oft schwierig, zu erkennen, wie hochwertig das verwendete Material ist. Billiges, dünnes Blech kann sich unter dem Erddruck leicht verbeulen. Andere Metalle beginnen von den Verschraubungen her zu rosten, bei wieder anderen platzt die Beschichtung ab.

Metall-Hochbeete sind eine gute Wahl, wenn es auf Balkon oder Terrasse nicht zu schwer werden soll.

Auch hier ist entscheidend, dass du zu gutem Material greifst, um lange Freude an deinem Hochbeet zu haben. Zudem sehen Hochbeete aus hochwertigem Metall edel und hip aus.

Kunststoff

Praktisch, aber oft zu billig

Kunststoff gewinnt in der Regel nicht gerade einen Schönheitspreis, hat aber auch seine Vorteile. Im Prinzip gilt Ähnliches wie für Metall. Kunststoff ist leicht, Einfassungen für Hochbeete sind fix und fertig oder als kinderleicht zu installierender Bausatz erhältlich. Auch der Preis ist oft verführerisch. Doch nicht selten erweist sich billig am Ende als zu billig. Der prallen Sonne ausgesetzt, neigen nicht wenige Kunststoffe dazu, sehr schnell unschön auszubleichen oder spröde zu werden. Auch sprengt das lebendige Ökosystem Boden allzu einfache Verbindungen. Wenn du Pech hast, hält ein billiger Bausatz nicht einmal einem Hochbeet-Zyklus stand.

PSSSSST !

Vorsicht, heiß!

Edelstahl und andere Metalle wirken oft sehr kühl, sind es jedoch keineswegs, sondern heizen sich in der prallen Sonne derart auf, dass man sich daran verbrennen kann!

Hochbeet-Aufsätze

Mit speziellen Aufsätzen kannst du dein Hochbeet „aufrüsten". So lässt dich z. B. ein belüftbarer Frühbeetaufsatz vorzeitig in die Gartensaison starten und ein „aufgebocktes Gewächshaus" schützt empfindliche Tomaten vor Wind und Wetter. Frühbeetaufsätze gibt es in bestimmten Abmessungen fertig zu kaufen, mit ein wenig handwerklichem Geschick kannst du den Hochbeetaufsatz deiner Wahl jedoch auch einfach selbst bauen!

Tomaten lieben einen trockenen Kopf

Am meisten Sinn macht ein ganzjähriges Dach bei Tomaten. Denn die gefürchtete Braunfäule wird durch einen Feuchtigkeit liebenden Pilz hervorgerufen. Deshalb sollte das Blattwerk von Tomaten beim Gießen nicht nass werden und idealerweise auch vor Regen geschützt werden. Über dein Hochbeet kannst du mit ein paar langen Latten und Folie recht einfach einen solchen Aufsatz bauen. Die „große Lösung" wäre, wenn du ein U-förmiges Hochbeet mit einem Gewächshaus überbaust. Es gibt Gewächshaustypen, die auf einen mittelhohen Steinsockel gesetzt werden können. Das kann auch die äußere Kante einer steinernen Hochbeetumfassung sein.

Frühbeetaufsatz fürs Hochbeet

Den Löwenanteil an Aufsätzen machen jedoch die für Frühkulturen aus. Im Prinzip wird dein Hochbeet schon zum Frühbeet, indem du alte Fenster oder eine Plexiglasscheibe darüberlegst. Optimal ist das jedoch nicht. Am besten finden die im zeitigen Frühjahr noch recht flachen Sonnenstrahlen ins Beet, wenn die transparente Abdeckung angeschrägt ist. Außerdem kann so Kondenswasser besser ablaufen (siehe Abb. rechts). Wenn du dein Hochbeet aus Holz selber baust, dann ist es kein Problem, den Rahmen hinten etwa 20 Zentimeter höher als vorne zu bauen und die seitlichen Wände entsprechend anzuschrägen. Neben Glas und Plexiglas eignet sich auch transparentes Pflanzenvlies als Abdeckung. Es ist durchlässig für Luft und Feuchtigkeit, trotzdem hält es darunter die Wärme und schafft Frühbeetatmosphäre. Eine Bespannung mit Folie ist weniger geeignet. Sie hängt schnell durch.

Auf gute Belüftung achten

Außerdem solltest du dein Hochbeet belüften können. Denn während es für Samen

Auch als Bausatz erhältlich!

gar nicht warm und feucht genug sein kann, vertragen die gekeimten Pflänzchen keine tropische Schimmelatmosphäre. Wenn dein Beet nicht nach Süden ausgerichtet ist, kannst du eine Stange längs über dem Beet anbringen und das Vlies dann zeltartig darüberspannen. Oder du benutzt einen handelsüblichen Folientunnel.

Schutz das ganze Jahr hindurch

Es gibt aber natürlich auch sehr viele schicke, fertige Aufsätze in den verschiedensten Designs zu kaufen. Schau dich rechtzeitig nach etwas um, was dir gefällt und zu den Dimensionen deines geplanten Hochbeetes passt. Die meisten dieser Aufsätze werden im späten Frühjahr abgenommen (und brauchen dann, da nicht gerade klein, einen Lagerplatz). Manche sind aber auch für den ganzjährigen Gebrauch gedacht (siehe Abb. links). Ein Vlies oder feines Netz soll die Pflanzen dann vor Schädlingen, Hagel und Schlagregen schützen. Allerdings reichert Blattgemüse sich unter einer Abdeckung stärker mit Nitrat an. Außerdem erschwert eine Abdeckung das Arbeiten und begrenzt das Höhenwachstum der Pflanzen.

Genial!

Bauen, befüllen und pflanzen

Das Fundament

Hauptsache eben

Die Bezeichnung Fundament ist nicht ganz wörtlich zu nehmen. Denn ein wirkliches Fundament brauchen Hochbeete nicht unbedingt. Was sie benötigen, ist ein absolut ebener Untergrund, damit Trockensteinmauern nicht in sich zusammenstürzen oder andere Einfassungen sich nicht mit der Zeit verziehen. Und Bodenplatten – falls du welche rings um dein Hochbeet verlegst – werden schnell zur Stolperfalle, wenn sie nicht einen absolut ebenen Untergrund haben. Ansonsten kannst du dein Beet im Prinzip auf die nackte Erde bzw. die Kante der Bodenplatten stellen. Besser ist es jedoch, wenn du die Erde vorher auflockerst. Noch besser: Hebe eine spatentiefe Schicht Boden aus. Wenn du Rasenfläche für das Hochbeet opferst, kannst du die ausgestochenen Soden später prima für die Füllung verwenden.

Mäuse müssen draußen bleiben!

Damit dein neues Hochbeet nicht die Luxusunterkunft einer Sippe eifrig wühlender Wühlmäuse wird, sollte es jedoch unbedingt einen Nagerschutz bekommen. Dafür eignen sich zwei Verfahren:

Zum einen kannst du am Grund ein engmaschiges Drahtgeflecht verlegen. Alternativ kannst du auch eine Lage Lochziegel verlegen. Das ist zwar erst einmal aufwendiger, doch dein Beet bekommt so ein solides Fundament. Wenn du die Bodenplatte größer als das Beet machst, erhältst du in einem Arbeitsgang auch noch einen Trittweg rund ums Beet.

Der Bau

Ein klassisches Holzbeet

Je nachdem, für welches Material, welche Form, Größe und Ausstattung du dich entscheidest, fällt der Bau natürlich höchst unterschiedlich aus. Wir zeigen dir hier, wie du ein einfaches, standardmäßiges Hochbeet aus Holz ohne viel Mühe und technisches Geschick selbst bauen kannst.

! PSSSSST

Achtung Mini-Mäuschen

Oft wird Hasendraht als Nagerschutz empfohlen, doch der hat oft zu große Maschen. Damit auch junge Wühlmäuse nicht hindurchfinden, sollten die Öffnungen höchstens einen Durchmesser von 1 Zentimeter haben.

Für ein Beet von 1,80 Metern Länge, 70 Zentimetern Breite und 80 Zentimetern Höhe brauchst du

- 8 Bretter von 1,80 Metern Länge und 20 Zentimetern Breite
- 8 Bretter von 70 Zentimetern Länge und 20 Zentimetern Breite
- 4 Holzbalken von 10 x 10 Zentimetern und 80 Zentimetern Höhe
- 64 Schrauben
- Nagergitter, 1 Meter breit, 2 Meter lang
- 5 Quadratmeter Noppenfolie
- einen Akkuschrauber
- eventuell einen Bohrer
- einen Tacker
- einen Helfer

Wenn dein Beet andere Maße bekommen soll, passt du die Holzteile einfach entsprechend an. Das Verfahren bleibt dasselbe. Denke

Beim Zusammenbau benötigst du Unterstützung!

Vor dem Zusammenbau erst einmal die Löcher vorbohren, dann geht das Verschrauben einfacher.

Dann die Bretter zusammenschrauben.

daran, dass du dann eventuell auch mehr Folie und Maschendraht brauchst. Art und Dicke der Bretter hängen von deinen Wünschen ab. Wenn du ein Einwegbeet bauen willst, kannst du billige, dünne Kiefer nehmen. Wenn dein Beet mehrere Zyklen überstehen soll, dann solltest du zu Hartholz mit mindestens 4 Zentimetern Dicke greifen.

Zur Tat!

Lege zwei der Balken in 1,60 Meter Entfernung voneinander auf den Boden und schraube der Reihe nach vier Bretter bündig fest. Verwende pro Brett und Ende zwei Schrauben. Je nach Qualität deines Werkzeugs und der Härte des Holzes musst du die Löcher dafür eventuell vorbohren. Wenn so die erste Längswand deines Beetes fertig ist, kommt die zweite dran.

Nun brauchst du am besten einen Helfer, der dir die beiden Längswände senkrecht hält, sodass du der Reihe nach die kurzen Bretter erst an der einen, dann an der anderen Seite festschrauben kannst. Schon ist die Kiste fertig!

Die Auskleidung

Nun folgt das Auskleiden mit Noppenfolie. Dabei kommen die Noppen nach innen ans Holz, damit eventuell eindringende Feuchtigkeit ablaufen kann. Die Folie lässt sich gut mit einem Cutter- bzw. Teppichmesser schneiden. Dort, wo sie sich überlappt, sollte dies großzügig geschehen. Tacker die Folie am oberen Rand gut fest. Wenn du deine Beeteinfassung auf Stein stellen kannst, schneidest du die Folie einfach am unteren Rand ab. Wenn das nicht möglich ist, führe die Folie um die Unterkante herum und tackere sie dort noch einmal fest, sodass das Holz möglichst wenig Erdkontakt hat.

Mit Tacker oder Nägeln wird die Folie befestigt.

Nun kannst du dein Beet auf dem vorbereiteten Grund aufstellen. Lege dann darin auf dem Boden den Maschendraht aus und biege die überstehenden Enden nach oben. Es schadet nichts, wenn das zehn oder zwanzig Zentimeter an jeder Seite sind. Dann steigst du in die Kiste und tackerst den umgebogenen Draht innen an den Wänden fest.

Option Brüstung

Wenn du kein Einwegbeet planst, ist auch noch eine Abschlusskante empfehlenswert, eine waagrechte, etwas überstehende Brüstung, die verhindert, dass sich die Einfassung bei Regen von oben her mit Wasser vollsaugt. So ein Abschluss sieht nicht nur schön aus, sondern lässt sich auch als Ablagefläche verwenden – etwa für deine Unterarme bei längeren Arbeiten. Da dieses Holz besonders stark der Witterung ausgesetzt ist, solltest du hochwertige Bretter benutzen, die du mehrmals ölst. Außerdem macht es sich

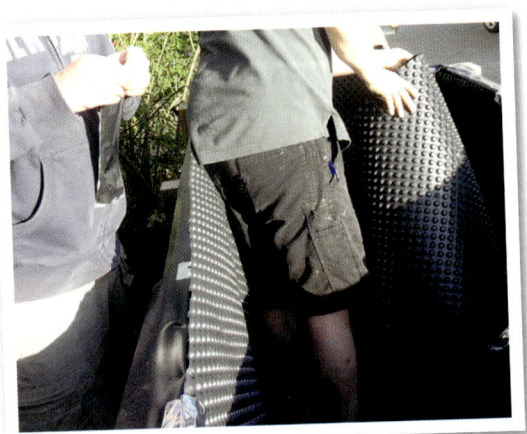

Du kannst Teichfolie oder Noppenfolie für die Auskleidung deines Hochbeets verwenden.

optisch und bei Berührung gut, wenn sie mit Schleifpapier geglättet werden. So vorbereitet, sägst du die Bretter passend zurecht und schraubst sie an der Oberkante deines Beetes fest.

Das Befüllen

Von grob nach fein

Nachdem nun die Einfassung steht, geht es ans Befüllen des Hochbeetes. Du wirst sehen, so ein Beet schluckt jede Menge. Aber widerstehe bitte der Versuchung, all die Dinge hineinzukippen, die du gerade nicht brauchen kannst. Nur wenn dein Hochbeet sorgfältig Schicht für Schicht gefüllt wird, ergibt sich eine gute Rotte.

1. Das untere Drittel des Beetes wird mit grobem Material wie Gehölzschnitt oder Reisig gefüllt und dient als Drainage und zur Belüftung. Manche Gärtner fügen auch ganz bewusst im randnahen Bereich große Steine hinzu, die als Unterschlupf für kleine Tiere wie Eidechsen oder Hummeln dienen können. Diese brauchen dann allerdings auch Ritzen als Zugang. Trampel alles gut fest, denn sonst verdichtet sich diese Schicht sehr schnell von alleine und die ganze Füllung setzt sich mehr, als dir lieb ist.

2. Die nächste, etwas dünnere Schicht besteht aus feineren Gartenabfällen: Staudenschnitt, Ernteab-

Gut geschichtet ist halb gewonnen!

Als Erstes kommt die grobe Schicht ins Hochbeet.

Gehölzschnitt kannst du etwas festtreten.

Dann folgt eine feinere Schicht aus Gartenabfällen.

fällen, dünnen Zweigen, Laub, verblühten Blumen und allem, was sonst auch in den Kompost wandert. Etwas angetrockneter Rasenschnitt kann ebenfalls dabei sein, aber widerstehe bitte der Versuchung, zu viel davon im Hochbeet zu entsorgen, denn er neigt nun einmal dazu, zusammenzukleben und zu schimmeln. Das macht sich im Hochbeet genauso schlecht wie im Komposter. Statt einer Rotte entsteht Fäulnis.

Um deine Pflanzen optimal mit Mineralien zu versorgen, kannst du noch etwas Gesteinsmehl oder Algenkalk einstreuen. Wenn du ausgestochene Grassoden hast, dann packst du sie nun mit der Grasseite nach unten auf die Füllung. Dann wird wieder alles gut festgetrampelt!

3. Als Nächstes kommen etwa 15 bis 20 Zentimeter grober Kompost in das Beet – und Pferdeäpfel oder anderer Stallmist, wenn du so etwas auftreiben kannst. Jetzt musst du nicht mehr unbedingt trampeln, sondern kannst dich mit einem kräftigen Festklopfen begnügen.

4. Auf den groben Kompost kommt frischer Kompost, der keine groben Stücke mehr enthält, darauf völlig durchgereifter Kompost. Wenn du keinen frischen Kompost hast, dann tun es auch etwa 15 Zentimeter durchgereifter Kompost.

Worauf du achten musst!

Bei der Befüllung der obersten Schichten ist es wichtig, darauf zu achten, dass du keine Wurzelunkräuter und Unkrautsamen einschleppst. Im mittleren Teil, der während der Rotte so richtig heißläuft, werden solche Lästlinge vernichtet, nicht jedoch in den reifen Deckschichten. Am besten wäre es, wenn du dir die Mühe machst, die feine obere Erde zu sieben.

Natürlich kannst du auch Erde aus dem Gartencenter benutzen, die frei von allem

Schichtaufbau!

unerwünschten Beiwerk ist. Aber verzichte bitte auf torfhaltige Erde, auch wenn die meist billiger ist. Für die Produzenten ist Torf ein preiswertes Füllmaterial, für den Abbau aber werden Ökosysteme massiv geschädigt. Nährstoffe hat Torf so gut wie gar nicht und ein „Lockern" des Bodens durch Torf ist im Hochbeet geradezu widersinnig, da dir die vielen fleißigen Bodenlebewesen feinste Gartenerde mit einer optimalen Krümelstruktur produzieren.

Wenn du kein Gemüse anbauen willst, sondern Pflanzen mit speziellen Wünschen, die es trocken oder sandig haben wollen oder nur auf saurem Waldboden wachsen, musst du die oberen Bodenschichten natürlich noch entsprechend anpassen.

Gute Planung bringt reiche Ernte.

Beim Gemüseanbau im Hochbeet gilt es ein paar Regeln zu beachten.

Den Anbau planen

Anspruchsvolles Gemüse

Endlich ist das Beet fertig! Nun steht der schönste Teil der Arbeit bevor: das Bepflanzen. Wenn du ein Blumenbeet haben möchtest, kannst du nach Herzenslust alles setzen und säen, was zum Standort passt. Wenn es dir aber um eine reiche Gemüseernte geht, ist die Sache ein bisschen komplizierter, denn

- manche Pflanzen sind keine guten Nachbarn und gedeihen nicht, wenn du sie nebeneinander platzierst, während andere Seit an Seit gesünder und kräftiger werden,
- manche Pflanzen lassen sich mehrere Jahre am gleichen Standort pflanzen, andere dagegen reagieren äußerst übel-

launig, wenn du sie in die Erde vom letzten Jahr setzt,
- jedes Jahr hungrige Starkzehrer sind auch für ein Hochbeet auf Dauer zu viel,
- geschickt geplant, können am gleichen Standort mehrere Gemüsesorten reifen.

Fruchtfolgen

Als Fruchtfolge bezeichnet man den Anbau verschiedener Kulturen innerhalb einer Saison. Eine Fruchtfolge besteht meist aus einer Vorkultur, die bereits im zeitigen Frühjahr gesät werden kann und schnell reift. Dies sind etwa Pflücksalat, Winter-Portulak (Löffelkraut), Radieschen und frühe Erbsensorten. Wenn sie abgeerntet werden, können dann die Hauptkulturen folgen: in der zweiten Märzhälfte und im April Wurzel- und Knollengemüse, ab Mitte Mai auch wärmeliebende Fruchtgemüse und Bohnen. Wenn auch sie dann geerntet werden, bilden Spinat, Feldsalat, Chinakohl oder Senfkohl (Asiasalate) die Nachkultur.

Hast du Fruchtfolge und Fruchtwechsel im Griff, steht reicher Ernte nichts im Wege.

Fruchtwechsel

Unter Fruchtwechsel versteht man die Folge der Kulturen über die Jahre. Auf Hochbeeten empfiehlt sich im ersten Jahr, wenn die Rotte erst in Gang kommt, ein Mix aus Pflanzen, die einen mittelstarken bis starken Nährstoffbedarf haben und gut mit frischer nährstoffreicher Erde zurechtkommen. Das sind vor allem Tomaten, Gurken und alle Arten von Kürbissen.

Im zweiten und dritten Jahr ist dein Hochbeet am leistungsfähigsten. Kohl gedeiht nun besonders prächtig, ebenso Zucchini und Auberginen, Paprika, Sellerie, Lauch und Artischocken. Ein vier bis fünf Jahre altes Hochbeet ist optimal für Mittelzehrer, die nicht ganz so viel Wärme zum Reifen benötigen. Dies sind Wurzel- und Knollengemüse wie Möhren, Kohlrabi, Fenchel, Rote Bete, Wurzelpetersilie und Zwiebeln. Schwachzehrer wie Radieschen, Salate und Küchenkräuter dagegen finden noch genügend Nährstoffe, wenn der Hochbeet-Zyklus schon fast am Ende ist. Erbsen und Bohnen können sogar Luftstickstoff binden und die Erde noch einmal mit Nährstoffen anreichern. Das bedeutet jedoch nicht, dass du im fünften und sechsten Jahr gar keine Tomaten oder Zucchini mehr anbauen solltest – zumal wenn du immer mit frischem, nährstoffreichem Kompost nachfüllst. Sie sollten aber vielleicht nicht mehr die Hauptkultur bilden.

PSSSSST

Verschwundene Vielfalt

Geschmack, Robustheit und Formenvielfalt alter Gemüsesorten sind heute leider oft zu unrecht in Vergessenheit geraten. Ein Hochbeet ist die beste Gelegenheit diese Vielfalt wieder neu zu entdecken und selbst damit zu experimentieren.

Kohl fühlt sich im Hochbeet richtig wohl!

Kohl will wandern

Einige Pflanzen wie Tomaten, Paprika oder Bohnen kannst du ohne Bedenken mehrere Jahre hintereinander am selben Standort anbauen. Bei anderen geht das gar nicht. Kohl etwa sollte jedes Jahr woanders stehen und auch nicht von anderen Kohlarten oder sonstigen Verwandten wie Radieschen oder Senf gefolgt werden, sonst besteht die Gefahr, dass sich Krankheiten ausbreiten. Bei den meisten Gemüsepflanzen sind zwei Jahre Verweildauer kein Problem, aber generell gilt: Je eifriger du Pflanze-Wechsel-Dich spielst, desto weniger Scherereien drohen mit Krankheiten und Schädlingen.

Mischkulturen

Gute Nachbarn - schlechte Nachbarn

All deine Mühen für beste Wachstumsbedingungen sind umsonst, wenn sich die Bewohner im Beet nicht vertragen. Auberginen und Tomaten etwa harmonieren zwar im Kochtopf, jedoch nicht im Beet. Auch botanische Verwandtschaft ist keine Garantie für gutes Auskommen, sondern bewirkt oft eher das Gegenteil, etwa zwischen Erbsen und Bohnen, Möhren und Roten Beten oder Tomaten und Kartoffeln, die beide Nachtschattengewächse sind. Andererseits fördert die Wahl des richtigen Partners sogar das Gedeihen: Erdbeeren etwa schimmeln weniger leicht, wenn sie gemeinsam mit Knoblauch oder Zwiebeln wachsen dürfen, Dill fördert die Keimfähigkeit vieler Samen, Sellerie hält mit seinem starken Aroma Kohlpflanzen die Schädlinge vom Leib, Bohnenkraut vertreibt die schwarze Bohnenlaus und die winzigen Blüten vieler Kräuter locken bestäubende Insekten an. Auch viele Blumen passen bestens ins Gemüsebeet: Tagetes schützen vor Nematoden im Boden. Ringelblumen vertragen sich mit allen Bewohnern. Hängende Kapuzinerkresse ergibt eine prächtige Randbepflanzung.

Salat ist ein prima Partner bei vielen Mischkulturen.

Friede im Beet

Pflege und Probleme

Einfache Pflege

Hochbeete machen beim Anlegen zwar Arbeit. Dafür ist ihre Pflege sehr leicht.

Düngen ist im Prinzip unnötig, da die Pflanzen durch die permanente Rotte genügend Nährstoffe zur Verfügung gestellt bekommen. Nur wenn du Starkzehrer auf einem nicht mehr taufrischen Beet ziehen willst, solltest du ihnen eine Extraportion Nährstoffe, etwa in Form von Brennnesseljauche oder reifem Kompost, zukommen lassen.

Jäten ist im Hochbeet meist keine große Sache, da deutlich weniger Unkrautsamen ihren Weg nach oben finden als beim Flachbeet.

Mulchen ist sehr sinnvoll. Dabei wird die Erde rund um die Pflanzen mit Grünschnitt, Blättern oder Stroh abgedeckt. Die Erde wird so vor Austrocknung bewahrt und das Wachstum von Unkraut unterdrückt. In Flachbeeten allerdings

Einfache Hochbeetaufsätze mit Drahtgitter oder Netzen schützen die Setzlinge vor Schädlingen.

richten sich allzu oft Schnecken unter der Mulchschicht ein gemütliches Zuhause ein. Im Hochbeet besteht diese Gefahr in der Regel nicht. Sollten die ungeliebten Schleimer aber tatsächlich auch das Hochbeet erklimmen, ist es kein großes Problem, die obere Kante mit einem Schneckenschutz zu versehen und darauf zu achten, dass keine überstehenden Blätter als „Brücke" dienen.

Erdarbeiten

Mit Beginn des neuen Gartenjahres wird sich die Erde in deinem Hochbeet um einige Zentimeter gesenkt haben. Wenn die Pflanzen ein wenig unter der Kante stehen, ist das nicht schlimm. Das bietet ihnen gerade in ihren Kindertagen einen willkommenen Wind- und Sonnenschutz. Sinkt das Erdniveau mit den Jahren aber zu sehr, dann kann die Einfassung (falls du keine abnehmbaren Module hast) die Pflanzen zu sehr beschatten. Außerdem wird das Gärtnern in der Tiefe mühsam.

PSSSSST

Natürlich stärken mit Jauche

Viele schwören auf Brennnesseljauche als natürliches Stärkungsmittel. Sie versorgt deine Pflanzen nicht nur mit Nährstoffen, sondern wehrt auch Schädlinge ab.

Dagegen hilft dann nur, das Beet im Frühjahr mit frischem Kompost aufzufüllen.

Die Bewässerung

Optimales Gießen

Bewässerung allerdings ist im Hochbeet ein wichtiges Thema. Da die Pflanzen Wind und Sonne besonders ausgesetzt sind, trocknet das Beet oberflächlich auch stärker aus. Andererseits ergibt sich in der Tiefe durch die Rotte eine stabile Bodenstruktur, die Feuchtigkeit gut speichern kann. Größere, ältere und tiefwurzelnde Pflanzen können diese dann anzapfen. Alles was noch jung, klein und flach wurzelt, braucht mehr Wasser als im niedrigen Beet. Allerdings erleichtert die Höhe das Gießen. Anstatt vor allem die Blätter einzuregnen, wie das beim „flachen Gießen" oft passiert, kannst du das Wasser leichter dorthin bringen, wo es gebraucht wird, nämlich in den Wurzelbereich rund um den Stängel.

Da macht sogar das Gießen Spaß!

Hochbeete haben einen erhöhten Bedarf an Wasser, was regelmäßiges Gießen erfordert.

Tröpfchenbewässerung nimmt dir die lästige Gießarbeit ab.

Bequemes Bewässern

Andererseits lässt sich im Hochbeet auch sehr einfach eine künstliche Bewässerung einrichten. Dazu verlegst du einen perforierten Bewässerungsschlauch, der an einen Wasserhahn angeschlossen wird. Wenn der Hahn aufgedreht ist, sickert das Wasser dosiert und kontinuierlich in feinen Tröpfchen aus den Löchern. Solche Systeme gibt es auch in Verbindung mit einer Zeitschaltuhr. Du brauchst also nicht einmal mehr den Hahn bedienen und selbst wenn du im Urlaub bist, werden deine Pflanzen bestens versorgt. Angst, dass sie bei starkem Regen Staunässe bildet, brauchst du bei einem Hochbeet nicht zu haben. Schließlich ist das grobe Astmaterial im unteren Teil eine verlässliche Drainage. Aber wenn du alles perfekt machen willst, installierst du noch einen Feuchtigkeitssensor, der misst, wie trocken das Erdreich ist. Die Anlage springt dann nur an, wenn er sein Okay gibt.

Die Höhe bringt's!

Für dich als Gärtner ist so ein Hochbeet eine prima Sache. Aber wie steht es um deine Pflanzen? Wissen sie auch die Höhe zu schätzen? Oder würden sie lieber bodennah gedeihen? Die meisten werden wohl in erster Linie die schöne Fußbodenheizung und das leckere Nährstoffangebot in der Erde lieben. Aber wenn die 70 oder 80 Zentimeter Sockel, auf denen sie wachsen dürfen, mehr Licht und Sonnenschein bescheren, ist die Höhe auch ein Pluspunkt für deine grünen Freunde.

Epiphyten sind wahre überlebenskünstler!

Diese Orchideen haben sich einen überlebenswichtigen Platz an der Sonne gesichert.

Ein Platz an der Sonne

Für einen Platz in der ersten Reihe nehmen manche Pflanzen erstaunliche Anstrengungen auf sich und erklimmen schwindelnde Höhen. Das ist zum Beispiel dort nötig, wo die Wachstumsbedingungen eigentlich ideal sind. Nämlich in den Tropen. Wärme und Feuchtigkeit sorgen dafür, dass alles Grün besonders üppig wächst und sprießt. Doch das Gedeihen der Großen kann für die Kleinen zum Problem werden, vergleichbar mit einer Zucchinipflanze, die sich so breitmacht, dass von ihren Nachbarn nicht mehr viel zu sehen ist. Im „grünen Dschungel" der Tropenwälder herrscht am Boden oft regelrechte Finsternis. Da gibt es für viele kleinere Pflanzen nur einen Ausweg: rauf auf den Baum! Sogenannte Epiphyten oder Aufsitzerpflanzen wachsen auf Bäumen und anderen hohen Pflanzen, um einen Platz an der Sonne zu ergattern. Manche dieser Pflanzen sind zunächst noch mit Wurzeln in der Erde verankert, lösen diese aber mit der Zeit. Echte Epiphyten verbringen ihr gesamtes Leben in schwindelnder Höhe. Viele Orchideen und Bromelien sind solche Epiphyten. Aber wie ernähren sie sich dort oben so ganz ohne Wurzeln? Bromelien haben zum Beispiel Saugschuppen auf ihren Blättern. Mit diesen können sie das in den Tropen reichlich vorhandene Regenwasser aufschlürfen. Einige Arten sammeln in ihren dichten, steifen Blattrosetten nicht nur Wasser, sondern auch organisches Material wie Pflanzenteile oder tote Insekten. Es wird dort von Mikroorganismen zersetzt und in Nährstoffe umgewandelt, die dann von der Pflanze aufgenommen werden.

Hoch oben auf dem Berg

Ganz anders die Gebirgspflanzen. Ihnen geht es nicht in erster Linie um Licht und Sonne in den im wahrsten Sinne des Wortes eisigen Höhen. Als Überlebenskünstler haben sie hier ein Refugium gefunden, das ihnen hier oben nicht viele Konkurrenten streitig machen können. Einer ihrer Tricks ist Kleinwüchsigkeit, denn so bieten sie den tiefen Temperaturen und dem oft erbarmungslos pfeifenden Wind weniger Angriffsfläche. Auch die teils üppigen Blüten, zwischen denen fast kein Grün mehr zu sehen ist, haben ihren Sinn. Sie filtern und reflektieren die im Gebirge sehr hohe ultraviolette Strahlung und bewahren die Zellen im Blattgrün vor Mutationen.

Pflanzen im Hochbeet

Gemüsepflanzen im Hochbeet

Für reiche Ernte

Ideale Hochbeetbepflanzung

Gemüseanbau im Hochbeet ist der Renner und gar nicht so kompliziert, wie du vielleicht denkst. Da Hochbeete auf kleiner Fläche einen intensiven Anbau ermöglichen, deinem Gemüse viele Nährstoffe liefern und durch ihre Wärme lange Erntezeiten zulassen, bietet sich ein Gemüse-Hochbeet regelrecht an. Zudem sind viele Gemüsepflanzen auch richtig dekorativ. Denk nur an die attraktive rote Färbung von Mangold oder die hübschen Blüten der Kartoffelpflanze.

Die Fruchtfolge im Blick

Gemüsepflanzen unterscheiden sich in Stark-, Mittel- und Schwachzehrer und haben unterschiedliche Nährstoffbedürfnisse. Starkzehrer wie Tomaten, die meisten Kohlarten oder Zucchini brauchen eine besonders nährstoffreiche Erde und nach den ersten Jahren zusätzlichen Dünger im Hochbeet, während Schwachzehrer wie Bohnen, Erbsen oder Feldsalat auf kargen Böden gedeihen und ganz empfindlich auf Überdüngung reagieren. Deshalb pflanzt du starkzehrendes Gemüse immer in den ersten Jahren, wenn die Füllung noch mit vielen Nährstoffen gesättigt ist. Danach kommen dann Mittelzehrer wie Spinat

Optimale Bedingungen für einen Gemüsegarten auf kleiner Fläche – das Hochbeet macht's möglich.

oder Mangold dran, die ab und an etwas Kompost und ein bisschen Pflanzenjauche brauchen. In den weiteren Jahren sind schon viele Nährstoffe aus dem Hochbeet aufgebraucht, perfekt also für den Anbau von Schwachzehrern.

Gute Nachbarn, schlechte Nachbarn

Manche Pflanzen vertragen sich gut im Hochbeet und unterstützen sich gegenseitig, während andere sich spinnefeind sind. In der Mischkulturtabelle auf Seite 140 findest du eine Übersicht, welche Gemüsepflanzen du miteinander ins Hochbeet setzen kannst und welche Nachbarschaften du lieber vermeiden solltest.

Brassica rapa var.

Asiasalate

Asiasalate sind etwas für den Winter. Du solltest sie daher im Spätsommer säen, dann kannst du in der kalten Jahreszeit etwa vier Monate lang immer wieder frische Blätter ernten. Als Asiasalate werden verschiedene Gemüsepflanzen (z. B. Senf- und Kohlarten) bezeichnet, die aus dem asiatischen Raum stammen. Sie enthalten viel Vitamin C und werden wie Schnittsalat blattweise geerntet. Asiasalate sind gesellig und harmonieren u. a. mit Spinat. Als Kreuzblütler vertragen sie sich jedoch nicht mit anderen Pflanzen aus derselben Familie.

  IV–VIII V–X ↕ ca 20 cm

Extra viele Vitamine!

Solanum melongena

Aubergine

Auberginen eignen sich gut für den Anbau im Hochbeet und sind ein echter Blickfang. Sie sind jedoch verfrorene Gesellen, achte also darauf, dass sie es immer schön warm haben. Am besten steht dein Hochbeet direkt neben einer Südwand oder du verwendest einen Glas- oder Folienaufsatz. So gedeiht die mediterrane Gemüsepflanze besonders gut. Pflanze sie ab Mitte Mai – nach den Eisheiligen – ins Hochbeet und setze sie mit genügend Abstand voneinander ins Beet. Da viel Sonne durstig macht, brauchen Auberginen außerdem viel Wasser.

  V–VI  VIII–IX ↕ 70–120 cm

Brassica oleracea var. botrytis

Blumenkohl

Wie alle Kohlarten ist auch der Blumenkohl ein Starkzehrer. Deshalb pflanzt du ihn am besten gleich im ersten Jahr in die frische, nährstoffreiche Hochbeeterde. Danach heißt es: regelmäßig jäten und gießen! Möchtest du, dass dein Blumenkohl seine schöne weiße Farbe behält? Dann knicke die inneren Blätter ungefähr eine Woche vor der Ernte über den Blumenkohlkopf, so verfärbt er sich nicht. Nach der Ernte steht erst einmal ein Fruchtwechsel an, für andere Kohlarten und Kreuzblütler ist das Hochbeet dann Sperrzone.

  IV–VII VI–X ↕ 40–80 cm

Phaseolus vulgaris

Bohnen

Buschbohnen, Feuerbohnen, Stangenbohnen, Puffbohnen – oh, du schöne Bohnenwelt! Bohnen sind nicht nur lecker, sondern bringen viele Vorteile mit, die sie zum idealen Gemüse für den Anbau im Hochbeet machen. Sie sind sehr ertragreich, benötigen nicht viel Platz und du kannst sie über einen langen Zeitraum hinweg ernten. Als Schwachzehrer brauchen sie außerdem auch in älteren Hochbeeten keinen Dünger und sie vertragen sich mit vielen anderen Gemüsesorten, was sie zum idealen Kandidaten für Mischkulturen macht. Wenn du sie zusammen mit Bohnenkraut anpflanzt, förderst du z. B. zusätzlich das Wachstum und hältst damit auch gleich noch die schwarze Bohnenlaus fern. Nur bei Erbsen, Fenchel und Zwiebelgemüsen solltest du aufpassen, die vertragen sich nicht so gut mit Bohnen. Im windgeschützten, sonnigen Hochbeet mit lockerer und sandig-lehmiger Erde fühlt sich die Bohne besonders wohl und wird dich mit reicher Ernte belohnen.

Buschbohnen

Hobbygärtner lieben die Buschbohne! Das liegt zum einen daran, dass sie sehr genügsam und pflegeleicht ist, zum anderen bringt sie eine schnelle, lang anhaltende und reiche Ernte. Am besten säst du die Buschbohnen direkt ab Mitte Mai nach den Eisheiligen in dein Hochbeet. Achte darauf, dass die Reihen ca. 40 Zen-

Bohnen sind roh giftig, deshalb vor dem Verzehr kochen!

Bohnen haben eine relativ kurze Kulturdauer. Daher lohnt es sich, regelmäßig nachzusäen, damit es immer wieder etwas zu ernten gibt.

timeter Abstand voneinander haben. In jede Reihe kannst du dann alle 10 Zentimeter eine Pflanze säen. Bereits nach zwei Monaten ist es so weit und du kannst die ersten Bohnen ernten. Da die Buschbohne so schnell wächst, kannst du bis Ende Juli ein zweites Mal aussäen und bis in den September hinein ernten.

Stangen- bzw. Feuerbohnen

Kletternde Arten werden ebenfalls ab Mitte Mai direkt ins Hochbeet gesät, jeweils drei bis fünf Saatbohnen in ein ca. 8 Zentimeter breites und ca. 3 Zentimeter tiefes Loch. Unterstütze Stangen- und Feuerbohnen mit einer entsprechend hohen Rankhilfe, die du z. B. aus Holzstäben am besten gleich nach der Aussaat anbringst. Nach der ersten Ernte im Juli kannst du Kletterbohnen ohne Nachsaat bis in den Oktober hinein ernten.

Schon einfache Konstruktionen aus Holzstangen und Schnüren bieten kletternden Sorten eine Stütze.

 V–VI VII–IX ↕ 30–200 cm

Brassica oleracea var. italica

Brokkoli

Der Anbau von Brokkoli ähnelt dem von Blumenkohl. Wie dieser ist auch Brokkoli ein Starkzehrer, der viele Nährstoffe braucht und einen kalkhaltigen Boden mag. Du kannst Brokkoli ab Februar im Haus vorziehen und die ungefähr 10 Zentimeter hohen Jungpflanzen dann ab Mai ins Hochbeet pflanzen – am besten mit einem Pflanzabstand von ca. 50 Zentimetern. Oder du säst ab April direkt aus. Wenn du anschließend darauf achtest, dass dein Brokkoli genug Sonne, Nährstoffe und Wasser bekommt, steht einer reichen Ernte nichts mehr im Wege. Wusstest du, dass der essbare Teil des Brokkoli die Blütenknospe ist? Deshalb solltest du darauf achten, dass die Blüten sich nicht öffnen und gelb werden, sondern unbedingt davor ernten.

Damit die jungen Brokkolipflanzen gut gedeihen, benötigen sie relativ viel Wasser.

 V–VI VI–X ↕ 60–100 cm

Chilis sind erst dann reif, wenn sie nicht mehr grün sind.

Capsicum annuum

Chili/Peperoni

Du magst es gerne feurig? Dann reserviere den scharfen Schoten ein Plätzchen in deinem Hochbeet. Chili-Pflanzen gibt es in unterschiedlichen Formen, Farben und Schärfegraden, sodass du sie dir nach deinem persönlichen Geschmack Pflanzen zusammenstellen kannst. Die Schärfe einer Chilifrucht wird nach der Scoville-Skala bestimmt. Gemüsepaprika liegt am milden Ende der Skala, Chilis/Peperoni kommen auf 100–500 Scoville.

Chili-Pflanzen gedeihen am besten in der Sonne an einem windgeschützten Platz. Der tiefgründige und humose Boden von Hochbeeten ist ideal. Ab Mitte Mai kannst du vorgezogene Jungpflanzen ins Beet setzen, mit einem Frühbeetaufsatz oder einem Folientunnel sogar schon etwas früher. Wichtig ist es, vor allem vor und während des Fruchtansatzes ausreichend zu gießen. Wenn du dich für die Mischpflanzung im Hochbeet entschieden hast, kannst du z. B. Chilis mit etwas Abstand neben Tomaten pflanzen und dazwischen einige Kräuter wie Basilikum und Thymian setzen. Haben sich reichlich Früchte an deinen Chilipflanzen gebildet, bindest du die Triebe am besten an Stäbe, damit die Triebe nicht zu schwer werden und abknicken. Den Erntezeitpunkt erkennst du an der Farbe der Früchte: Die Schoten müssen gelb, orange oder rot werden.

 V–VI VIII–X 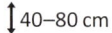40–80 cm

Brassica rapa pekinensis

Chinakohl

Junger Chinakohl friert schnell und mag es lieber warm. Warte also bis zum Sommer und säe ihn zwischen Juni und August direkt ins Hochbeet aus. Du wirst staunen, wie schnell sich die Pflänzchen entwickeln werden! Bei der Aussaat solltest du auf einen ausreichenden Pflanzabstand von 40 bis 50 Zentimetern achten, ansonsten bleiben die Kohlköpfe eher klein. Da er ein Starkzehrer ist, verwöhnst du ihn in älteren Hochbeeten immer mal wieder mit Düngergaben. Achte außerdem darauf, dass er genug Wasser bekommt! Haben sich dann nach 2 bis 3 Monaten feste Köpfe mit großen Blättern entwickelt, kannst du deinen Chinakohl bei mildem Wetter bis in den Winter hinein ernten.

Die bis zu 3 Kilogramm schweren Chinakohlköpfe benötigen im Hochbeet ausreichend Platz.

 –  VII–VIII IX–XI ↕ 50–60 cm

Pisum sativum

Erbsen

Wie bei Bohnen gibt es auch bei Erbsen unterschiedliche Sorten: Zuckererbsen, Schalenerbsen und Markerbsen. Bei Ersteren wird die Schale mitgegessen, bei Letzteren nur die Kerne. Und wie bei den Bohnen sind auch Anbau und Pflegebedarf ähnlich. Erbsen sind nämlich gänzlich unkomplizierte Gesellen – nur mit anderen Nachtschattengewächsen vertragen sie sich nicht gut. Je nach Sorte kannst du sie ab März oder April direkt ins Hochbeet aussäen. Ziehe hierfür die Furchen mit einem Abstand von ca. 40 Zentimetern und säe dann alle 5 Zentimeter eine Pflanze. Nun musst du nur noch regelmäßig gießen und kannst dich dann 3 Monate später auf reiche Ernte freuen. Wenn du regelmäßig erntest, bilden sich immer wieder neue Früchte nach.

Damit sich die grünen Erbsenhülsen gut entwickeln, ist eine gleichmäßige Bodenfeuchtigkeit wichtig.

  III–IV  VI–VIII ↕ 20–150 cm

Valerianella locusta

Feldsalat

Den anspruchslosen Feldsalat anzubauen ist nicht schwer und das Beste: Du kannst ihn bis in den Winter hinein ernten! Dafür wählst du einfach eine winterharte Sorte und säst die Samen von August bis in den Spätherbst direkt ins Hochbeet aus. Anschließend schießen die Pflanzen, was bedeutet, dass sie keine Blatthorste hervorbringen, sondern nur Blüten. Achte beim Ernten darauf, dass Basis und Wurzel in der Erde bleiben, so wachsen immer neue Blätter nach und du kannst den ganzen Winter über den nussig schmeckenden Feldsalat genießen.

Ideales Wintergemüse!

 – VIII–IX X–II ↕ 15 cm ⊖

Foeniculum vulgare

Fenchel

Da Fenchel es gerne warm mag, fühlt er sich im Hochbeet besonders wohl. Am besten ziehst du ihn ab März im Haus vor und setzt die Jungpflanzen Mitte bis Ende Juni ins Hochbeet. Achte auf einen ausreichenden Pflanzabstand von mindestens 30 Zentimetern und auf eine ausreichende Wasserversorgung. Wenn die Knolle etwa faustgroß ist, ist es an der Zeit zu ernten, ansonsten verholzt sie und schmeckt nicht mehr.

  III–VII VI–XI ↕ 40–130 cm ○

Brassica oleracea convar. acephala var. sabellica

Grünkohl

Die krausen Blätter des frostharten Grünkohls sind echte Vitaminbomben und versorgen dich auch im Winter noch mit wertvollen Nährstoffen. An einem sonnigen Plätzchen in nährstoffreicher Erde fühlt er sich richtig wohl. Säe ihn einfach ab Mitte Mai direkt ins Hochbeet und pikiere die Sämlinge, sobald sie ihre ersten richtigen Blätter gebildet haben. Grünkohl freut sich über regelmäßige Brennnesseljauche und im Sommer über genug Wasser. In der Mischkultur kannst du ihn außerdem gut neben Salat und Spinat setzen.

 – V–VI IX–II ↕ bis 120 cm ⊕

Cucumis sativus

Gurke

Sie schmecken lecker im Salat, wachsen wie die Weltmeister und sind der Liebling vieler Gärtner: Gurken sind aus vielen Beeten einfach nicht wegzudenken. Und mit ein bisschen Hege und Pflege kannst auch du aus deinem Hochbeet ein wahres Gurkenparadies machen. Salatgurken, auch als Schlangengurken bekannt, sind anspruchsvoll und brauchen vor allem viele Nährstoffe, viel Wasser und viel Sonne. Reiche deine Hochbeeterde vor der Gurkenbepflanzung im Mai mit vielen Nährstoffen an, indem du sie mit frischem Stallmist oder reifem Kompost vermischst. Außerdem mögen Salatgurken es gar nicht, wenn ihre Blätter nass werden. Gieße also nie von oben und gönne ihnen ein regengeschütztes Fleckchen. Etwas genügsamer und pflegeleichter sind Freilandgurken, die meist eingelegt im Glas landen. Auch sie kannst du im Hochbeet super anbauen. Salatgurken wie auch Freilandgurken breiten sich schnell aus – zuerst kriechend, dann kletternd. Deshalb braucht jede einzelne Pflanze viel Platz im Hochbeet und idealerweise auch eine Rankhilfe. Du kannst deine Gurken auch über den Hochbeetrand nach unten wachsen lassen, jedoch sollten die Früchte dann nicht auf dem Boden aufliegen, da sonst Schimmelgefahr droht.

 V–VI VIII–X ↕ bis 300 cm

Gurken lieben viel Sonne und mögen keine niedrigen Temperaturen!

Nicht nur die schmackhaften Früchte der Gurken sind essbar, sondern auch ihre leuchtend gelben Blüten.

Frühkartoffeln lassen sich schon im Juni ernten, späte Sorten noch bis in den Oktober hinein.

Solanum tuberosum

Kartoffel

Du liebst Kartoffeln? Wie wäre es dann mit einer eigenen Kartoffelproduktion? Kartoffeln verbessern zudem den Boden und sind die optimale Vorkultur für viele andere Gemüsesorten. Außerdem sind Kartoffeln hervorragend für Hochbeet-Anfänger geeignet, denn sie haben relativ geringe Ansprüche in der Pflege und garantieren in einem neu angelegten tiefgründigen Hochbeet eine reichhaltige Ernte.

Frühkartoffeln kannst du ab April ins Hochbeet setzen. Am besten lässt du die Saatkartoffeln einige Wochen vor dem Pflanzen an einem kühlen, hellen Ort vorkeimen. Ziehe dann ca. 10 bis 20 Zentimeter tiefe Furchen ins Hochbeet und setze die Kartoffeln im Abstand von 30 bis 50 Zentimetern in die Erde. Gib noch etwas Kompost in jedes Pflanzloch, denn Kartoffeln sind Starkzehrer und freuen sich über viele Nährstoffe. Ideale Voraussetzungen für ein frisch angelegtes Hochbeet.

Anschließend bedeckst du die Kartoffeln gut mit Erde, damit die Knollen nicht dem Licht ausgesetzt werden – das sogenannte Anhäufeln. Wiederhole dieses immer wieder und entferne dabei auch Unkraut. Aus der Mutterknolle bildet sich dann die Kartoffelpflanze, die hübsche zarte Blüten produziert. Nach der Blüte kannst du dich auf die Tochterknollen freuen. Damit diese schön groß werden, ist jetzt Gießen angesagt. Aber Vorsicht: Kartoffeln mögen Staunässe überhaupt nicht! Dies kann bei Hochbeeten ohne Erdanschluss ein Problem sein. Hier ist dosiertes Gießen sinnvoll.

Ab Juni kannst du dann deine Frühkartoffeln ernten und den Platz für anderes Gemüse nutzen.

 IV–VI VI–IX 20–30 cm ⊕

Verschiedene Salat- und Kohlarten sind im Hochbeet gute Nachbarn für Kartoffeln.

PSSSSST

Der richtige Erntezeitpunkt

Etwa 3 Wochen, nachdem das Kartoffelkraut verwelkt ist, kannst du die Knollen aus der Erde holen.

Allium sativum

Knoblauch

Knoblauch lässt sich ganz einfach im Hochbeet anbauen und bringt selbst blutigen Gartenanfängern echte Erfolgserlebnisse. Alles, was er braucht, ist genügend Sonne, ein schön durchlässiger Boden und etwas Wasser, wenn es sehr trocken ist. Du kannst sogar Knoblauchzehen aus dem Supermarkt für den Anbau verwenden, besser sind jedoch regionale Züchtungen aus der Gärtnerei. Wenn du schöne große Knoblauchknollen, die eigentlich Knoblauchzwiebeln heißen, ernten möchtest, pflanzt du die Zehen im September oder Oktober im Abstand von ca. 20 Zentimetern ungefähr 2 Zentimeter tief ins Hochbeet. So kann der Knoblauch schon vor dem Winter anwurzeln und bildet dann kräftige Knollen. Erntezeit ist dann im August nach der Laubwelke.

Ebenso schmackhaft und gesund wie die Knolle ist das austreibende Grün des Knoblauchs.

 VIII–X, III–IV  VIII–IX ↕ 40–50 cm

Brassica oleracea var. capitata f. alba

Kohl

Kohl bzw. Weißkohl schmeckt als Salat oder Sauerkraut und steckt voller Vitamine und Nährstoffe. Als klassisches Wintergemüse kannst du ihn noch spät im Jahr ernten. Es gibt auch frühreife Sorten, die du im April einpflanzt. Dann kannst du schon im Juli deinen ersten Kohlkopf ernten und als leckeren Krautsalat zum Grillen reichen. Mittel- und spätreife Sorten pflanzt du im Mai, damit du dann auch an kalten Tagen noch reichliche Ernte einfahren kannst. Wie alle Kohlgemüse bevorzugt auch Weißkohl einen nährstoffreichen Boden. Und damit er große Köpfe bildet, benötigt er genug Platz. Ein Pflanzabstand von ca. 40 Zentimetern sollte es schon sein. Wenn du dann noch regelmäßig gießt, steht der Kohlernte nichts mehr im Wege.

Kohl mag es leicht feucht. Daher auch im Hochbeet regelmäßiges Gießen nicht vergessen!

  IV–VII VI–X ↕ 40–50 cm

Brassica oleracea var. gongylodes L.

Kohlrabi

Du suchst nach einem unkomplizierten leckeren Gemüse, das schnell wächst und kaum Pflege benötigt? Dann ist Kohlrabi genau das Richtige für dich! In gemäßigten Breitengraden kannst du ihn sogar den ganzen Winter über ernten. Achte nur darauf, dass du eine winterharte Sorte auswählst. Ab Mitte April kannst du ihn ins Hochbeet setzen und zwei Monate später dann schon die erste Ernte einfahren. Lass den Pflänzchen nur etwas Platz in jede Richtung – ungefähr 25 Zentimeter –, dann gedeihen sie am besten. Regelmäßiges Gießen ist dann der einzige Pflegeaufwand, vor allem, wenn die Pflanze ihre Knollen ausbildet. Da nicht nur uns Menschen der Kohlrabi gut schmeckt, inspiziere auch ab und zu die Blätter nach Raupen.

Der schnell wachsende Kohlrabi bildet schon nach kurzer Zeit feinwürzige Knollen aus.

  III–VII V–X ↕ ca. 30 cm ◯

Cucurbita pepo

Kürbis

Butternutkürbis, Hokkaidokürbis, Gartenkürbis … Es gibt eine Fülle an verschiedenen Kürbissorten und sie alle können wunderbar im Hochbeet angebaut werden. Achte dabei darauf, dass Kürbis sich gerne großflächig ausbreitet und pflanze nicht zu viele Pflanzen in ein Hochbeet. Gönne ihm also ausreichend Platz und einen sonnigen Standort. Ab Mai, wenn keine Fröste mehr drohen, kannst du ihn aussäen oder vorgezogene kräftige Jungpflanzen einpflanzen. Regelmäßiges Gießen ist wichtig, achte jedoch darauf, dass es nicht zu feucht wird und die Blätter nicht benetzt werden, denn sonst kann Mehltau drohen. Im September und Oktober steht dann die Ernte an – genau der richtige Zeitpunkt für eine leckere Kürbissuppe!

Damit sich Kürbisse während ihres Wachstums richtig entfalten können, brauchen sie viel Platz.

  V VIII–XI ↕ bis 30 cm ⊕

Beta vulgaris subsp. cicla

Mangold

Mangold ist nicht nur lecker, sondern mit seiner roten, gelben und weißen Färbung auch noch ein echter Hingucker im Hochbeet. Wenn du immer wieder die äußeren Blätter aberntest, braucht er auch gar nicht so viel Platz. So kannst du den jungen Mangold ab Mitte April mit einem Pflanzabstand von ungefähr 20 Zentimetern ins Hochbeet setzen und dich dann schon zwei Monate später auf die aromatischen Blätter freuen.

Am besten gedeiht Mangold in humus- und nährstoffreichen Böden. Aus diesem Grund ist er ideal für ein Hochbeet geeignet. Pass bei der Pflege auf, dass es nicht zu trocken wird, und gieße ihn regelmäßig. Mehr Arbeit macht der unkomplizierte Mangold eigentlich nicht. Zusätzlich ist er hart im Nehmen: Wenn es nicht übermäßig kalt wird, kannst du ihn sogar bis über den ersten Frost hinaus ernten.

Auch für Mischkulturen eignet er sich gut, denn er verträgt sich mit vielen anderen Gemüsesorten wie Bohnen, Gurken, Knoblauch, Brokkoli, Kohlrabi oder Möhren. Nur enge Verwandte wie Spinat oder Rote Bete sollten ihm lieber fernbleiben.

 IV–V V–X 40–100 cm ◯

Junge Mangold-Blätter sind besonders zart!

Rotstieliger Mangold ist eine Zierde für jedes Hochbeet und seine Blätter schmecken darüber hinaus auch noch besonders würzig.

Daucus carota

Möhre

Sie gehört zu den beliebtesten Gemüsesorten und sollte auch in deinem Hochbeet nicht fehlen: Möhren sind roh oder gekocht echte Leckerbissen und gedeihen auch im Hochbeet prächtig. Da sie ausgesät werden müssen, lockerst du die Erde vorher noch einmal gut durch und säst die Samen dann von März bis Juni aus. Du kannst auch schon im Februar Möhren aussäen, solltest sie dann aber mit einem Vlies vor der Kälte schützen. Nach etwa drei Wochen keimen die Samen und müssen ausgelichtet werden. Setze die jungen Pflänzchen um und gib ihnen mehr Platz, sodass nur noch alle 5 Zentimeter eine Pflanze steht. Die meiste Arbeit ist damit erledigt und du brauchst nur noch regelmäßig zu gießen. Erntezeit ist dann von Juli bis September.

Damit Möhren ihre leckeren Rüben ausbilden können, benötigen sie im Hochbeet ausreichend Platz.

 –   III–VII   VI–X ↕ 30 cm ○

Capsicum annuum

Paprika

Da Paprika es wohlig warm mag, fühlt sie sich im warmen Erdreich des Hochbeets richtig wohl. Wähle ein besonders sonniges Plätzchen für sie aus und gib etwas Kompost ins Pflanzloch, denn Paprika benötigt nicht nur viel Sonne, sondern auch viele Nährstoffe. Pflanzzeitpunkt ist Ende Mai nach den Eisheiligen, wenn sicher ist, dass kein Frost mehr droht. Lass den jungen Paprikapflänzchen ca. 30 Zentimeter Platz zum Gedeihen und unterstütze sie beim Wachsen mit einem Bambusstab. Nun sind Gießen und Geduld angesagt! Wenn du viele Früchte ernten möchtest, entferne die Königsblüte, also die erste Knospe. So bleibt deiner Paprika mehr Kraft, um weitere Triebe zu entwickeln. Ende September kannst du dann ernten.

Einige Paprikasorten wachsen sehr hoch. Damit sie nicht abknicken, brauchen sie eine Stütze.

   V–VI   VIII–X ↕ 50–100 cm ⊕ – ○

Pastinaca sativa

Pastinake

Die Pastinake ist ein Wurzelgemüse, das bis ins 18. Jahrhundert als Grundnahrungsmittel in Europa eine ähnlich große Bedeutung hatte wie heute die Kartoffel. Neben der Wurzel sind auch ihre Blätter verwendbar, und zwar als Würzkraut. Im Hochbeet kannst du die Samen bereits Anfang März aussäen. Damit verlängerst du die Wachstumsperiode der Pastinaken, was dann im Herbst und Winter zu besonders großen Wurzeln führt. Sie schmecken am besten, wenn sie bereits Frost abbekommen haben.

  IV–V IX–III ↕ 30–100 cm

Raphanus sativus

Radieschen

Perfekt für Gartenneulinge und Ungeduldige: Radieschen sind pflegeleicht und schnell erntereif. Im Handel findest du zwei Samensorten: eine für die Aussaat im Sommer und eine, die du im Frühjahr und Herbst aussäen kannst. Säe in Reihen ca. 1 Zentimeter tief und mit einem Abstand von 5 Zentimetern. Die Reihen sollten etwa 10 Zentimeter auseinander liegen. Nach dem Keimen kannst du zu dicht stehende Pflänzchen noch vereinzeln. Nun heißt es: regelmäßig gießen. Nach nur vier Wochen geht's mit der Ernte dann schon los.

  III–VIII V–IX ↕ 10 cm

Rheum palmatum

Rhabarber

Gibst du Rhabarber viel Platz, Sonne und Nährstoffe, belohnt er dich mit reicher Ernte. Du kannst ihn sogar als mehrjährige Staude ziehen und mehrere Jahre lang die leckeren Stängel ernten. Pflanze ihn im Herbst und achte darauf, dass er viel Platz benötigt. Im März düngst du ihn bei älteren Hochbeeten mit Kompost, damit er Kraft für die Bildung der Rhabarberstängel hat, die du im Juni ernten kannst. Lass einige Stängel stehen, damit er fürs nächste Jahr Energiereserven anlegen kann. Den Winter übersteht der Rhabarber problemlos.

 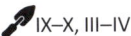 IX–X, III–IV V–VI ↕ bis 150 cm

Nur bis 24.6. ernten!

Brassica oleracea var. gemmifera

Rosenkohl

Rosenkohl lässt es gemütlich angehen und braucht seine Zeit, bis er erntereif ist. Du kannst ihn bis in den Winter hinein ernten, wenn du das Hochbeet während der Jahreszeit mit einem Vlies oder Laub abdeckst. Pflanze ihn im Mai in dein Hochbeet, das mit schwerer, lockerer und kalkhaltiger Erde gefüllt sein sollte. Der Pflanzabstand sollte ca. 50 Zentimeter sein. Als Starkzehrer braucht er viele Nährstoffe und viel Wasser, vor allem in der Hauptwachstumszeit im Sommer. Aber Vorsicht: Überdünge deinen Rosenkohl vor allem im Hochbeet nicht, denn sonst werden seine Knospen weich und er verliert seine Winterhärte! Ab September bilden sich an den Strünken die typischen Röschen, die du dann den ganzen Winter über ernten kannst.

Rosenkohl bildet an seinen Stängeln bis zu 5 Zentimeter große Knospen.

– IV–V IX–I ↕ bis 150 cm

Beta vulgaris subsp. vulgaris

Rote Bete

Rote Bete ist im Allgemeinen recht pflegeleicht. Achte darauf, dass du sie in neu aufgesetzten Hochbeeten in einem humosen und nähstoffreichen Boden anbaust und sie genügend Sonne abbekommt. Säe sie zwischen März und August ca. 2 bis 3 Zentimeter tief in Reihen aus, die 25 Zentimeter voneinander entfernt sein sollten. Nach der Keimung vereinzelst du die Jungpflanzen und setzt sie in Abständen zwischen 7 und 9 Zentimetern, damit sie genug Platz für die Knollenbildung haben. Während der Reifezeit braucht die Rote Bete immer genügend Wasser, also ran an die Gießkanne! Erntezeit ist dann von Oktober bis November. Hier solltest du darauf achten, dass die Knollen nicht zu groß werden, sonst schmecken sie nämlich nicht mehr.

Sobald die Früchte der Roten Bete die Größe von Golfbällen erreicht haben, lassen sie sich ernten.

 III–V IX–XI ↕ 30 cm

Brassica oleracea var. capitata f. rubra

Rotkohl

Rotkohl ist wie viele Kohlgemüse ein Starkzehrer. Komm seinem großen Nährstoffhunger entgegen und setze ihn also im Hochbeet in humosen und gut gedüngten Boden der ersten Hochbeetjahre, dann entwickelt er sich prächtig. Da er ein echter Sonnenanbeter ist, wähle für ihn ein schönes sonniges Plätzchen im Hochbeet aus. Ab Mitte Mai kannst du vorgezogene Pflänzchen einsetzem, danach ist aber etwas Geduld angesagt, denn Rotkohl lässt sich ein bisschen Zeit bis zur Ernte. 3 bis 4 Monate kann es schon dauern, bis du die leckeren Kohlköpfe ernten kannst. Da er recht groß werden kann, pflanzt du ihn am besten mit ungefähr 40 Zentimeter Pflanzabstand ins Hochbeet. Mit Salat, Tomate oder Sellerie versteht er sich übrigens prächtig.

Besonders wohl fühlt sich der starkzehrende Rotkohl in einem frischen Hochbeet.

IV–VI VIII–IV ↕ bis 30 cm

Eruca sativa

Rucola

Der nussig schmeckende Rucola ist ein pflegeleichter Geselle und kann schon 4 bis 5 Wochen nach der Aussaat geerntet werden. Er mag es sonnig und wächst bestens im humosem und lockerem Boden eines Hochbeets. Säe ihn ab März direkt ins Hochbeet und drücke die Samen leicht an. Bei Frost kannst du die Keimlinge mit einem Vlies schützen. Achte aber darauf, dass du ihn nicht nach oder neben Kohlgewächsen anpflanzt, denn mit anderen Kreuzblütlern verträgt er sich nicht gut. Ansonsten ist beim Rucolaanbau nicht viel zu beachten. Wenn du das Gießen nicht vernachlässigst, kannst du ein paar Wochen später mit der Ernte beginnen. Schneide die Blätter nicht zu tief ab, dann treibt er weiter aus und du kannst mehrmals nachernten.

Die würzigen Blätter des pflegeleichten Rucola lassen sich schon nach wenigen Wochen ernten.

 IV–IX V–XI ↕ 30–40 cm

Scorzonera hispanica

Schwarzwurzel

In letzter Zeit haben sich Schwarzwurzeln zu einem richtigen Trend-Gemüse entwickelt. Kein Wunder, punkten sie doch mit einem intensiven, nussigen Geschmack und auch in puncto Nährstoffe müssen sie sich nicht verstecken. Da sie lange Wurzeln bilden, lieben sie den tiefgründigen, lockeren, humosen Boden eines Hochbeets. Säe die Samen einfach zwischen März und Mai direkt ins Hochbeet. Die Wurzeln kannst du dann im Herbst ernten. Dazu jeweils nur Teilstücke mit einer Grabgabel ausstechen, damit sich der Bestand im Folgejahr vermehrt.

  IV X–XI ↕ 30 cm

Apium graveolens

Sellerie

Nicht nur Suppenkasper und Salat-Fans haben am würzigen Sellerie ihre Freude. Knollen- und Staudensellerie kommen beide ab Mitte Mai ins Beet – Staudensellerie zu etwa neun Pflänzchen pro Quadratmeter, Knollensellerie in einem Abstand von 15 Zentimetern zueinander. Achte darauf, die jungen Pflanzen stets feucht zu halten. Größere Pflanzen mit ihren bodenbeschattenden Blättern erleichtern dir diese Arbeit. Ab Mitte Juli beschert dir der Staudensellerie die erste Ernte, ab September bis November zieht der Knollensellerie nach.

 V–VI  IX–XI ↕ 20–30 cm

Spinacia oleracea

Spinat

Der frostverträgliche Spinat ist ein beliebtes Früh- und Herbstgemüse und an einem halbschattigen bis sonnigen Standort gut aufgehoben. Gute Nachbarn sind Bohnen, Kohl, Tomaten, Erdbeeren und Gurken. Gesät wird er im zeitigen Frühjahr oder im Spätsommer in einem Pflanzabstand von 5 Zentimetern, einem Reihenabstand von 15 bis 30 Zentimetern und einer Saattiefe von 2 bis 4 Millimetern. Danach den Boden regelmäßig feucht halten. Von April bis Juni kannst du die Blätter und Stiele ernten – am besten frühmorgens, so bleibt er schön knackig!

Schmeckt auch im Salat

 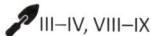 III–IV, VIII–IX  IV–VII, IX–XI ↕ 20 cm

Solanum lycopersicum

Tomate

Salate, Soßen, Pizza- und Brotbelag ... – Tomaten sind kulinarisch echte Allrounder und daher auch im Gemüseanbau ganz vorne mit dabei. Ganz anspruchslos sind sie zwar nicht, aber Anbau und Pflege sind auf jeden Fall in den Griff zu bekommen. Wer auf Do-it-yourself setzt, kann bereits ab März die Samen in der warmen Wohnung in Schalen mit einem lockeren Substrat aussäen. Achte dabei auf einen hellen, warmen Standort, an dem das Substrat auch in der Nacht nicht unter 20 °C auskühlt, z. B. über einem Heizkörper. Innerhalb weniger Tage gehen die Samen dann auf und benötigen weiterhin viel Licht, Luft und Wärme. Haben sich kräftige Pflänzchen entwickelt, können sie pikiert (vereinzelt) werden. Setze sie dazu in kleine Töpfe, gefüllt mit einem nährstoffreichen Pflanzsubstrat und sorge für reichlich Wasser.

Die Pflänzchen kommen erst ab Mitte Mai ins Hochbeet. Achte dabei auf luftige Abstände. Tomaten freuen sich über den lockeren, tiefgründigen Boden im Hochbeet und einen lufti-

Zur Pflege gehört das regelmäßige Ausgeizen. Seitentriebe werden dabei entfernt.

gen, geschützten Platz. Am besten gönnst du ihnen ein Dach über dem Kopf. So ist die Gefahr nicht so groß, dass sie an Braun- oder Blattfäule erkranken. Wie wäre es z. B. mit einem Gartenpavillon oder einem anderen Unterstand? Ein tolles Projekt für Bastler! Auch spezielle Kunststoffhauben können die empfindlichen Pflanzen vor Regen schützen. Da Tomaten hoch wachsen, benötigen sie eine Stütze. Daher am besten schon beim Setzen für Stäbe sorgen, an denen die Pflanzen angebunden werden können. Achte dann darauf, die Pflanzen immer gut feucht zu halten und dabei nicht von oben zu gießen. Tomaten vertragen

Achte beim Einsetzen der Tomatenpflanzen auf mindestens 70 bis 80 Zentimeter Pflanzabstand!

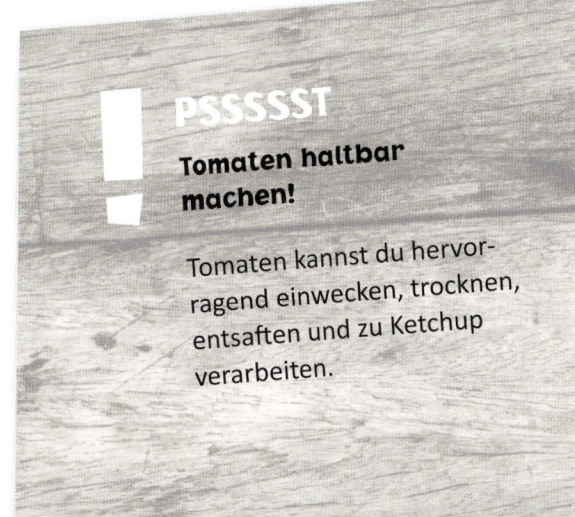

PSSSSST

Tomaten haltbar machen!

Tomaten kannst du hervorragend einwecken, trocknen, entsaften und zu Ketchup verarbeiten.

sich besonders gut mit Küchenkräutern sowie Kopfsalat, Knoblauch, Kohl, Sellerie, Spinat und Radieschen. Andere Nachtschattengewächse, insbesondere Kartoffeln, mögen sie hingegen nicht leiden. Anders als viele andere Gemüsesorten können sie jedes Jahr am selben Ort stehen, ein Standortwechsel empfiehlt sich allenfalls bei einem Krautfäulebefall.

Viele Tomatensorten sind extrem pilzanfällig. Achte daher darauf, dass die Pflanzen gut durchlüftet stehen und die Blätter immer zügig abtrocknen, sonst kann Pilzbefall entstehen. Entferne kranke Pflanzenteile immer so bald wie möglich. Wenn du während des Wachstums von Zeit zu Zeit die jungen Blatttriebe in den Achseln entfernst, danken die Pflanzen es dir mit einem gesunden Wachstum. Bereits ab Ende Juni reifen die ersten Früchte und lassen sich bis in den Herbst hinein ernten.

Salat und Tomaten kannst du wunderbar ins selbe Hochbeet pflanzen – perfekt für den Salat!

  V–VI VII–X 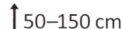 50–150 cm

Cucurbita pepo var. giromontiina

Zucchini

Mit ihren leuchtend gelben Blüten, die je nach Art von Juni bis September erscheinen, sind Zucchini nicht nur ein Gaumen-, sondern auch ein Augenschmaus. Ein warmer, sonniger Standort bietet für ihren Anbau die besten Voraussetzungen. Anzucht und Pflege gehen leicht von der Hand. Gib ihnen jedoch ausreichend Platz, indem du nur ein bis zwei Pflanzen ins Hochbeet setzt. Und das am besten im ersten Jahr der Fruchtfolge, denn sie haben einen hohen Nährstoffbedarf. Gut passen sie z. B. zu Zwiebeln oder Stangenbohnen. Entweder du säst die Samen ab Mitte April direkt ins Beet oder pflanzt ab Mitte Mai vorgezogene Pflanzen. Danach regelmäßig wässern und schon kannst du nach sechs bis acht Wochen die ersten Früchte ernten.

Da Zucchini sehr ausladend wachsen, sind sie am Rand des Hochbeets am besten aufgehoben.

 –   V–VI  VII–X 40–150 cm

Allium

Zwiebel/Lauch

Zwiebeln und andere Lauchgewächse setzen in der Küche schmackhafte Akzente. Küchenzwiebeln haben es im Hochbeet gern sonnig und lieben gleichmäßig feuchte Böden. Perfekte Partner sind z. B. Möhren, Tomaten, Gurken, Salat und Erdbeeren.

Küchenzwiebeln pflanzt du am einfachsten, indem du ab März/April Steckzwiebeln im Abstand von 5 bis 10 Zentimetern 3 bis 4 Zentimeter tief in die Erde setzt. Danach hältst du den Boden durch Hacken locker und feucht. Im Juli kannst du die Zwiebeln ernten. Ähnlich gehst du bei Frühlingszwiebeln vor. Diese kannst du aber auch noch im August in einem Reihenabstand von 15 bis 20 Zentimetern und einem Pflanzabstand von 5 bis 10 Zentimetern

1 Zentimeter tief direkt ins Beet aussäen und im Mai des nächsten Jahres ernten.

Beim verwandten Lauch gibt es Früh- und Spätsorten. Sommerlauch kannst du ab Februar unter Glas aus Samen ziehen. Der Pflanzabstand beträgt dabei mindestens 15 Zentimeter, der Reihenabstand ca. 40 Zentimeter. Dann mit einer dünnen Schicht Erde bedecken und nach etwa zwei Monaten geht's für die jungen Pflänzchen ab ins Freie. Setze sie in Furchen mit 15 Zentimeter Tiefe. Danach mit Erde anhäufeln und gut angießen. Die Samen für den Herbstlauch kannst du Anfang April direkt ins Beet säen, die für den Winterlauch Ende Juli bis Anfang August.

 III–V VI–IX 40–60 cm ◯

Zwiebeln nach der Ernte kühl und dunkel lagern

Zwiebeln vertragen sich im Beet mit vielen anderen Pflanzen und bringen sichere Ernteerträge.

Pflanzen aus Resten

Hast du schon von Regrowing gehört? Dabei geht es darum, aus Gemüseresten, die in der Küche anfallen, neue Pflanzen zu ziehen. Einem Gemüse wird quasi ewiges Leben geschenkt. Wie ein Phönix aus der Asche erneuert es sich immer wieder, obwohl der größte Teil davon in den Kochtopf gewandert ist. Andererseits aber ist es auch eine höchst sinnvolle Technik für Hobbygärtner, um Lücken im Gemüsebeet während der Erntesaison schneller schließen zu können. Wo es für eine Nachsaat längst zu spät ist, kann mit Regrowing Gemüse produziert werden, dass noch erntereif wird.

Ein kleines Wunder?

Hinter dem modernen Trendbegriff steckt keine Zauberei, sondern schlicht und einfach vegetative Vermehrung. Pflanzen können eben vielfach nicht nur aus Samen, sondern auch aus einzelnen Pflanzenteilen heranwachsen. Auch die Anzucht mit Hilfe von Stecklingen bedient sich der vegetativen Vermehrung und ist eine uralte Gärtnertechnik.

Sellerie-Stecklinge züchten

Sehr gut funktioniert es mit Sellerie. Der Trick dabei ist, das untere Ende der Selleriestangen mit den feinen Wurzeln nicht allzu knapp abzuschneiden, sondern 5 bis 6 Zentimeter der verwertbaren Stange zu „opfern". Dieses Ende setzt du dann in ein Gefäß mit Wasser. Am besten lauwarm. Du brauchst nun nichts zu tun als dieses Wasser regelmäßig zu wechseln, damit keine Fäulnis entsteht.

Bereits nach einigen Tagen wird aus der Mitte des Strunks neues Grün sprießen. Wenn das geschehen ist, kannst du ihn auspflanzen. Weil der Steckling aber erst noch ordentliche Wurzeln bilden muss, braucht er anfangs eine besonders sorgsame und kontinuierliche Bewässerung. Mit dem gleichen Verfahren kannst du auch Lauch oder Lauchzwiebeln nachwachsen lassen.

Gemüse-Nachzügler

Wenn die Saison für das Heranwachsen einer richtigen Staude nicht mehr reicht, kannst du so zumindest noch Selleriegrün als aromatisches Würzkraut für die winterlichen Eintöpfe ziehen. Auch Kräuter, die noch mit Würzelchen verkauft werden, wie etwa Koriander oder teils auch Petersilie lassen sich nachziehen. Ebenso Zitronengras.

Auch bei winterharten Romana-Salaten wird aus einem großzügig abgeschnittenen Strunk wieder eine brauchbare Salatstaude. Da der Salatstrunk keine Wurzeln mehr hat, sondern erst welche bilden muss, kann das Austreiben länger dauern. Chinakohl tendiert bei diesem Verfahren zum Schießen. Du bekommst keine geschlossene Staude, sondern lose Blätter. Auch Zwiebeln, Kohlrabi und Süßkartoffeln lassen sich so nachziehen.

1

Selleriestaude schneiden und in der Küche verwenden.

4

Nach einigen Tagen beginnt die Wurzel neue Blätter zu treiben.

Und so geht es!

2

Wurzelansatz und „Herz" der Staude zurückbehalten.

3

Wurzelansatz in eine Schale mit Wasser stellen.

Keine Hexerei!

Kräuter für das Hochbeet

Würzig gut

Duftendes Aromaparadies

Wenn du in deinem Hochbeet Platz für Kräuter und Gewürze schaffst, wirst du mit einer Vielzahl an Pflanzen belohnt, die nicht nur lecker schmecken, sondern auch richtig gut duften. Dein Hochbeet sollte für die zarten Kräuter an einem windgeschützten Platz und idealerweise in der Mittagssonne stehen. Die meisten Kräuter sind außerdem Schwachzehrer, weshalb du sie am besten im dritten Anbaujahr in dein Hochbeet setzt. So schaffst du optimale Bedingungen für Basilikum, Rosmarin und Co.

Kräuter wie Thymian, Salbei und Petersilie verführen im Hochbeet mit würzigen Aromen.

Die Mischung macht's

Da du wahrscheinlich nicht nur ein einziges Kraut anbauen willst, sondern eine schmackhafte Mischung, ist es gut zu wissen, welche Kräuter sich miteinander vertragen. Denn einige sind echte Individualisten, während andere richtig gesellig sind und toll miteinander harmonieren. Gute Nachbarn sind z. B. Petersilie und Majoran. Auch Schnittlauch und Basilikum können sich gut leiden und akzeptieren Rosmarin als Dritten im Bunde. Der perfekte Hochbeet-Geselle ist übrigens Salbei. Das Heil- und Gewürzkraut ist nicht nur gesund für uns Menschen, sondern

auch für andere Kräuter. Dort wo Salbei wächst, gedeihen sie besonders gut.

Jungpflanzen verwenden

Die Kräuter-Anzucht aus Samen ist in unseren Breitengraden oft schwierig. Vor allem bei Salbei, Lavendel, Thymian, Rosmarin und Melisse wird es mit einer erfolgreichen Aussaat schwierig. Besorge dir also lieber schon gut entwickelte Jungpflanzen, die ein dichtes und gut verzweigtes Wurzelwerk besitzen. Estragon, Basilikum oder Petersilie kannst du auf der Fensterbank im Haus vorkultivieren und dann im Mai ins Hochbeet setzen. Bei den meisten Kräutern gilt: Frost vermeiden!

Ocimum basilicum

Basilikum

Nicht nur kulinarisch, sondern auch als Heilkraut hat Basilikum einiges drauf. So ist es u. a. schleim- und krampflösend, hemmt Entzündungen und ist antibakteriell. Wohlfühlatmosphäre bietest du der sonnenhungrigen Pflanze in deinem Hochbeet mit einer sonnigen, geschützten Lage und einem nährstoffreichen, möglichst lockeren Boden. Was er hingegen nicht mag, ist Staunässe. Dies lässt sich bei Hochbeeten ohne Erdanschluss mit einer guten Drainage vermeiden. So richtig gut im Freien gedeihen die wärmeliebenden Gewächse erst dann, wenn die nächtlichen Temperaturen mindestens 16 °C betragen. Am einfachsten ist es daher, eine Jungpflanze zu kaufen und diese nach den Eisheiligen Mitte Mai ins Hochbeet zu setzen.

Im warmen Hochbeet fühlt sich Basilikum richtig wohl und Bestäuber „fliegen" auf seine Blüten.

  III–IV V–X ↕ bis 60 cm

Symphytum

Beinwell

Die rosa bis violetten Blüten des Beinwells sind von Mai bis Juli der absolute Eyecatcher. Noch dazu sind seine Wurzeln und Blätter Powerpakete in Sachen Gesundheit. So ist z. B. ein Breiumschlag aus zerkleinerten Beinwellwurzeln oder -blättern ein Geheimtipp bei Muskel- und Gelenkschmerzen. Und auch als Gemüse zubereitet sind die frischen Blätter einfach eine Wucht! Mit einer halbschattigen Lage und einem feuchten, nährstoffreichen Boden im Hochbeet kann man es dem Beinwell so richtig gemütlich machen. Und da er es gern nährstoffreich und tiefgründig mag, macht man ihm im Hochbeet gleich zweimal eine Freude. Gekaufte Jungpflanzen kommen im Frühjahr ins Beet, Samen aussäen kannst du im Frühjahr oder im Herbst.

Beinwell ist ein bekanntes Heilkraut und ein kaliumhaltiges Pflanzenstärkungsmittel.

 – II–V V–X ↕ 30–80 cm

Satureja hortensis

Bohnenkraut

Wer ein trockenes Plätzchen an der Sonne mit magerem, sandigen Boden hat, liegt beim Bohnenkraut genau richtig. Dazu noch ein paar Buschbohnen gepflanzt und schon hat man eine (fast) komplette Mahlzeit. Aber auch in einem Kräuterhochbeet, z. B. zusammen mit Salbei und Oregano, macht sich das aromatische Küchenkraut prima. Unter Glas kannst du die Pflanzen schon ab April aus Samen vorziehen und ab Mitte Mai im Abstand von 25 Zentimetern ins Hochbeet setzen. Die genügsame Pflanze ist recht pflegeleicht, mag einen durchlässigen, leicht kalkhaltigen Boden und verträgt selbst mäßige Trockenheit. Im Juni oder Juli, kurz vor der Blüte, geht's dann an die Ernte. Die Blätter schmecken frisch ebenso wie getrocknet einfach lecker!

Von Juli bis Oktober erfreut das Bohnenkraut mit seinen weißen oder rosa bis violetten Blüten.

  IV–V V–X ↕ 20–30 cm

Borago officinalis

Borretsch

Schon mal Borretsch probiert? Nein? Dann wird es aber Zeit! Denn die jungen, frischen Blätter der einjährigen Pflanze zeigen in der Küche z. B. in Salaten, Quark oder Suppen, was sie können. Borretsch fühlt sich sowohl im Halbschatten als auch an vollsonnigen Standorten wohl. Er gedeiht auf fast allen Böden, nur genug Humus muss es sein. Ab April kannst du die Samen direkt in dein Hochbeet aussäen. Dann noch mit ausreichend Erde bedecken und entspannt zurücklehnen. Denn außer regelmäßiges Gießen braucht der Borretsch kaum Pflege. Ein Hochbeet passt zu ihm wie die Faust aufs Auge, da er im Gartenbeet zum Wuchern neigt. Wert legt die Pfahlwurzeln bildende Pflanze aber auf einen nach unten hin offenen Hochbeetboden.

Nicht nur die Blätter, sondern auch die dekorativen blauen Blüten des Borretsch sind essbar.

 – IV–VI V–X ↕ 40–80 cm

Anethum graveolens

Dill

Dill ist im Hochbeet ein gern gesehener Gast. So ist er z. B. ein Eins-a-Beetnachbar für Gurken, hält von Möhren und Zwiebeln Schädlinge fern und wirkt auf die umgebenden Pflanzen stärkend. Bietet man dem verträglichen Gesellen einen sonnigen, windgeschützten Standort, ist das schon die halbe Miete. Denn in puncto Substrat ist er recht anspruchslos. Achte immer darauf, dass der Boden ausreichend feucht ist und vermeide Staunässe im Hochbeet und die Sache ist geritzt.

  IV–V  VI–IX ↕ bis 150 cm

Coriandrum sativum

Koriander

Viele kennen Korianderblätter als Klassiker der asiatischen Küche. Verwöhnen kannst du ihn in deinem Hochbeet mit einer sonnigen, geschützten Lage, einem kalkhaltigen Boden und mäßiger Feuchtigkeit. Im April kommen die Samen mit einem Reihenabstand von 30 Zentimetern etwa 1 Zentimeter tief ins Beet. Nach dem Keimen brauchen die Pflanzen einen Abstand von ca. 15 Zentimetern. Ab August bis in den September lassen sich auch die würzigen Samenkörner ernten. In Fisch- oder Gemüsegerichten, Soßen und Marinaden ein Genuss!

– III–VI 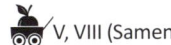 V, VIII (Samen) ↕ 30–70 cm

Levisticum officinale

Liebstöckel

In Nachbarschaft mit Fenchel und Petersilie läuft der Liebstöckel zur Höchstform auf. Denn beide fördert er in ihrem Wachstum. Die würzige Pflanze liebt es sonnig und warm und mag lehmige, nährstoffreiche Böden. Da er hoch und breit wächst, erhält er im Hochbeet am besten ein Plätzchen im Hintergrund. Die Jungpflanzen werden in Töpfen vorgezogen und kommen Mitte Mai ins Freie. Wenn sie nur ausreichend Wasser bekommt, beschert diese pflegeleichte Pflanze dir die ganze Vegetationszeit hindurch reiche Ernte.

Ideal für Suppen!

– III–IV  V–VIII ↕ bis 180 cm

Origanum majorana

Majoran

Majoran bereichert die Küche stets um eine würzige Note. Seinen Bedürfnissen kommst du am besten mit einem sonnigen, warmen Standort und einem lockeren, kalkhaltigen Boden entgegen. Besonders gut passt das kleinwüchsige Gewächs, das im Hochbeet gern im Vordergrund steht, zu Möhren und Radieschen. Die Pflanze kannst du ab März auf der sonnigen Fensterbank vorziehen. Achte aber darauf, die Samen nur leicht anzudrücken und nicht mit Substrat zu bedecken. Die Sämlinge werden dann später zu je vier Pflanzen im Abstand von 5 Zentimetern pikiert (vereinzelt) und dürfen im Mai ins Hochbeet umziehen. Oder du säst die Samen ab Mitte Mai bis Anfang Juni direkt ins Beet. Regelmäßig gießen nicht vergessen!

Majoran lässt sich auch während der Blüte ernten. Kurz vor der Blüte ist er besonders aromatisch.

  V–VI VI–IX ↕ 20–30 cm

Mentha

Minze

Wer gern den Kochlöffel schwingt, weiß die frische Note der Minze zu schätzen. Und auch Cocktailliebhaber werden sie als beliebte Zutat für Mojito und Co. nicht missen wollen. Das erfrischende Kraut ist zudem ein Alleskönner in Sachen Gesundheit und bringt z. B. Appetit und Verdauung auf Trab. Alle Minzarten, wie z. B. die Echte Pfefferminze, kannst du problemlos im Garten anbauen. Alles, was die Minze braucht, um sich rundum wohlzufühlen, sind ein leichter, feuchter und humoser Boden und eine halbschattige bis sonnige Lage. Mitte Mai setzt du die Jungpflanzen ins Beet. Dann einfach ausreichend gießen und einer gelungenen Ernte der aromatischen Triebspitzen und Blätter vor der Blütezeit steht nichts mehr im Wege.

Knapp vor bzw. zu Beginn der Blüte enthalten die Blätter der Minze die meisten Aromastoffe.

 – III–IV V–IX ↕ 30–80 cm

Wenn du die Petersilie bei der Ernte immer unten am Stiel abschneidest, wächst sie schön buschig nach.

Petroselinum crispum

Petersilie

Wer sich ein pflegeleichtes Hochbeet wünscht, der ist mit der Petersilie gut beraten. Jede der unterschiedlichen Sorten – ob glattblättrig und geschmacksintensiv oder kraus und robust – ist in puncto Boden recht anspruchslos. Ob Sonne oder Halbschatten – die Petersilie nimmt's, wie's kommt. Ein gutes Team bildet sie im Hochbeet mit Schnittlauch und Basilikum. Oder wie wär's mit einem Kräutermix aus Petersilie, Dill, Borretsch, Majoran und Kerbel? Auch der „salattauglichen" Kombi mit Kartoffeln und Radieschen ist die Petersilie im Beet nicht abgeneigt. Als kleinwüchsige Art steht das beliebte Küchenkraut im Hochbeet gerne im Vordergrund. Ab Mitte März kannst du die Samen 2 bis 3 Zentimeter tief direkt im Beet aussäen. Gönne ihnen dabei einen Ab-

stand von 20 Zentimetern. Damit die Blätter vor lauter Durst nicht gelb werden, ist zudem regelmäßiges Gießen angesagt. Ernten kannst du dann ab Juni bis in den Oktober, teilweise sogar bis in den November hinein.

 X–V VI–XI bis 30 cm

PSSSSST
4-Jahres-Plan für gute Ernte!

Frühestens nach 4 Jahren sollte Petersilie wieder am selben Platz stehen. Mit einem Fruchtfolge-Notizbuch hast du das prima im Blick.

Rosmarinus officinalis

Rosmarin

Da Rosmarin ein typischer Südländer ist, wundert's nicht, dass er einen hellen, sonnigen Standort und einen trockenen Boden mag. Als Beetgenossen kannst du ihm das aromatische Basilikum hinzugesellen. Mit Rosmarin, Möhren, Kohl und Tomaten bildet er außerdem eine „Interessensgemeinschaft" gegen Schädlinge. Zwischen März und April kannst du die Samen direkt ins Beet aussäen. Wer sich's leicht machen möchte, greift zu Jungpflanzen aus dem Gartencenter. Ideale Erntezeit sind die Sommermonate. So verlockend es sein mag, sich gleich reichlich zu bedienen, ist dabei jedoch Zurückhaltung gefragt. Denn der immergrüne Halbstrauch wächst nur sehr langsam nach. Blätter und Triebspitzen sind frisch wie getrocknet ein Genuss.

Da Rosmarin es nährstoffärmer mag, die Erde vor dem Pflanzen mit einem Drittel Sand mischen.

  III–IV V–X ↕ 20–80 cm

Salvia

Salbei

Das anspruchslose Mittelmeergewächs ist an einem sonnigen, windgeschützten Standort gut aufgehoben und schätzt trockene, kalkhaltige Böden. Die Samen kannst du ab Mai direkt ins Beet aussäen. Bequemer geht's mit Jungpflanzen vom Gärtner oder vom Gartencenter: Die setzt du einfach im Abstand von ca. 40 Zentimetern ins Beet. Wenn du den Salbei in ausgeprägten Trockenphasen mäßig gießt, ist er rundum zufrieden. Weniger gut klar kommt er mit starkem Frost. Schützen kannst du ihn vor der unliebsamen Witterung, indem du den Wurzelballen vor dem ersten Frost mit Stroh bedeckst. Ältere Pflanzen kannst du im Frühjahr auf ca. 15 Zentimeter zurückschneiden, damit sie nicht verholzen. Geerntet werden können die Stängel das ganze Jahr über.

Kräuter solltest du immer am Vormittag ernten.

In einem windgeschützten Hochbeet nahe der Hauswand gedeiht Salbei besonders prächtig.

  II–V IV–XI ↕ 30–60 cm

Allium schoenoprasum

Schnittlauch

Der Liebling im Küchengarten kann sowohl Halbschatten als auch Sonne gut ab und mag leicht kalkhaltige, feuchte, nährstoffreiche Böden. Da er niedrig wächst, eignet er sich prima für den vorderen Bereich des Hochbeets. Anfang April kannst du die Samen direkt ins Beet aussäen. Sorg einfach nur noch dafür, dass der Boden ausreichend feucht ist – vor allem in Trockenperioden. Bedienen kannst du dich bei ihm ganzjährig – in geschützten Lagen im Freien, ansonsten nimmst du im Winter einfach ein paar Büschel mit rein.

– II–III V–X ↕ bis 30 cm

Thymus vulgaris

Thymian

Für Wohnkomfort im Hochbeet sorgst du beim Thymian mit einem wind- und regengeschützten Standort in sonniger Lage und in einem leichten, sandigen Boden. Da die Ansaat aus Samen recht knifflig sein kann, kannst du dir mit Jungpflanzen vom Gärtner Stress ersparen. Diese dürfen dann ab Mitte Mai ins Beet. Gut angießen und darauf achten, dass die Pflanzen in der ersten Zeit nicht vollständig austrocknen. Danach hält sich ihr Wasserdurst in Grenzen. Wenn's bei dir stark fröstelt, gönn ihm eine Reisigabdeckung als Kälteschutz!

  IV–VI V–IX ↕ bis 30 cm

Melissa officinalis

Zitronenmelisse

Erfrischung gefällig? Kein Problem! Die Blätter der Zitronenmelisse verleihen z. B. Mixgetränken eine feine Zitrusnote. Wenn du ein sonniges, windgeschütztes Plätzchen im Hochbeet für sie frei hast, ist der lockere, humose und nährstoffreiche Boden ideal für die Meslisse. Entweder du säst die Samen im Mai flächig ins Beet oder du greifst zu Jungpflanzen aus der Gärtnerei. Auf Trockenheit reagiert sie allergisch, daher vor allem in Trockenperioden gut gießen! Im Juni sind die Blätter am aromatischsten.

  IV–V VI–IX ↕ 50–80 cm

Beerenobst im Hochbeet

Einladung zum Naschen

Pflanzen und Düngen

Beeren sind sehr gesund und im Hochbeet ein echter Hingucker und leichter zu ernten. Die Pflanzen mögen es warm und sonnig, einige liebäugeln auch mit einem windgeschützten Platz. Im Herbst ist ein guter Zeitpunkt zum Pflanzen, obwohl du Containerware — also Pflanzen im Topf — immer pflanzen kannst, wenn kein Frost herrscht. Die Wurzelballen sollten dabei nicht tiefer eingepflanzt werden, als sie im Container standen. Als Dünger zum Start bietet sich zusätzlich spezieller Beerendünger an. Verwöhne Himbeeren, Brombeeren & Co. darüber hinaus mit einer lockeren Mulchschicht beispielsweise aus Rasenschnitt, damit der Boden schön warm und feucht bleibt.

Der richtige Schnitt

Bis auf wenige Ausnahmen beschneidest du deine Beerensträucher gleich nach der Ernte. So sorgst du für viele Beeren in den nächsten Jahren und hältst das Höhenwachstum in Zaum. Da die leckersten Früchte meist am jungen Holz wachsen, entfernst du vor allem die älteren Triebe. Diese erkennst du am dunkleren Holz. Der ideale Strauch hat ca. acht bis zehn Triebe, die nicht älter als drei bis vier Jahre sind.

Je sonniger der Standort des Hochbeets, desto süßer werden die Beerenfrüchte.

So gelingt das Vermehren

Für neue Beerenpflanzen musst du nicht unbedingt Geld ausgeben. Du kannst deine vorhandenen Sträucher mit Absenkern leicht selbst vermehren. Dazu muss die Pflanze gesund und stark sein. Wähle eine kräftige Rute aus und biege diese vorsichtig in Richtung Erde. Damit sich die Rute nicht wieder nach oben biegt, befestigst du sie etwa in der Mitte mit einer Astgabel oder einem Stein am Boden. Bedecke die Rute nun mit etwas Erde und warte einfach ab, denn jetzt bilden sich an dieser Stelle neue Wurzeln. Im Frühjahr oder Herbst stichst du die Jungpflanze ab und setzt sie an ihrem neuen Standort ein.

Aronia melanocarpa
Apfelbeere

Das leckere Superfood lässt sich leicht im heimischen Hochbeet anbauen. Außerdem sind die hübschen Blüten und Früchte eine echte Zierde. Und auch Bienen wissen die vielen Blüten der Sträucher zu schätzen, sind sie doch ab Mai eine wichtige Bienenweide. Die Apfelbeere ist in puncto Boden nicht anspruchsvoll, nur zu lehmig sollte er nicht sein. Sie mag volle Sonne oder leichten Halbschatten. Wähle zwei verschiedene Pflanzensorten, dann klappts besser mit der Befruchtung. Wenn du das Gießen mal vergisst – kein Problem! Ein paar Tage Trockenheit machen der *Aronia* nichts aus. Im August/September ist Erntezeit! Bereits im Juli sind viele Beeren violett bis dunkelblau, aber noch nicht erntereif. Erst wenn das Innere durchgefärbt ist, sind sie reif.

Schneide ab August einige Früchte in der Mitte durch und schaue, ob sie durchgefärbt sind.

 –  VIII–X, III–IV  VIII–X ↕ 30–150 cm

Rubus fruticosus
Brombeere

Brombeeren gehören zu den Sammelsteinfrüchten und sind unkomplizierte Gesellen für dein Hochbeet. Bester Pflanzzeitpunkt ist Herbst, dann sind sie bis zum nächsten Frühjahr gut eingewurzelt. Gib ihnen anfangs zusätzlich etwas Kompost und später ab und zu Beerendünger, dann werden die Pflanzen groß und stark. Brombeeren mögen einen warmen, sonnigen Platz und den durchlässigen, humosen Boden eines Hochbeets, denn Staunässe vertragen sie nicht. Ab Ende Juli kannst du dein Naschobst täglich ernten. Mit einem regelmäßigen Rückschnitt sorgst du dafür, dass du über mehrere Jahre hinweg viele Früchte ernten kannst. Brombeerblätter kannst du frisch oder getrocknet für deinen Tee verwenden.

Die langen Triebe der Brombeeren benötigen eine Stütze im Hochbeet, an die du sie binden kannst.

 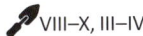 VIII–X, III–IV VII–X ↕ 90–180 cm

Vaccinium macrocarpon

Cranberry

Die leckeren roten Früchte gelten als super gesund und gedeihen auch in unseren Breitengraden. Grund genug, das Superfood auch in dein Hochbeet zu holen. Zwar sind die Cranberrysträucher meist nur bedingt winterhart, aber wenn du ihnen einen geschützten Platz gibst und ihnen Frostschutzvliese spendierst, werden sie sich bei dir wohlfühlen. Entscheide dich für deine Pflanzung am besten für frühreifende Sorten, denn dann kannst du die Beeren noch vor dem ersten Frost ernten. Cranberrys mögen einen vollsonnigen Standort und einen leicht sauren Boden und sind ansonsten sehr anspruchslos.

Die vitaminreichen Früchte lassen sich in der Küche vielseitig verwenden.

  VIII–X, III–IV X–XI ↕ 10–30 cm

Fragaria

Erdbeere

Rot, süß, lecker – Erdbeeren eignen sich ideal für ein Naschbeet und fühlen sich auch im Hochbeet pudelwohl. Da sie erst im zweiten Jahr zu Höchstleistungen auflaufen, pflanzt du sie am besten im August oder im Frühherbst ins Hochbeet. Möchtest du die süßen Früchtchen schon im ersten Jahr ernten, kannst du mehrmals tragende Sorten und Frigo-Pflanzen im April pflanzen. Zum Einpflanzen wässerst du den Wurzelballen der Jungpflanze kräftig und setzt die Erdbeeren dann mit einem Pflanzabstand von 20 bis 30 Zentimetern in die nährstoffreiche und gut aufgelockerte Erde. Achte dabei darauf, dass die Herzknospe in der Mitte der Pflanze nicht mit Erde bedeckt wird.

Mit frühen, späten und mehrmals tragenden Erdbeersorten lässt sich die Erntezeit verlängern.

Für den Anbau im Hochbeet eignen sich außerdem Monats- und Walderdbeeren. Sie gedeihen auch im Halbschatten prächtig, bilden keine Ausläufer und tragen den ganzen Sommer über leckere Früchte. Wenn du sie Mitte Mai pflanzt, kannst du schon im Juni mit dem Naschen anfangen. Nach der Blüte mulchst du am besten alle deine Erdbeerpflanzen mit Stroh, egal welche Sorte. So kommen die Früchte nicht mit der Erde in Berührung und du verhinderst damit die Bildung von Grauschimmel oder Fäulnis, denn nach einem Regenguss trocknen die reifenden Früchte so schneller wieder ab. Außerdem hast du weniger Ärger mit Unkraut. Und zu guter Letzt haben es Schnecken schwerer, an deine Erdbeeren zu gelangen. Denn selbst im Hochbeet bist du vor den gefräßigen Tierchen nicht sicher.

Hast du eine besondere Lieblingssorte? Dann ziehe dir doch einfach neue Jungpflanzen. Erdbeeren lassen sich leicht durch Ableger vermehren. Nimm aber nicht jede Pflanze, sondern suche dir Erdbeerpflanzen aus, die viele Früchte getragen haben. Schneide dann die Ableger, die der Mutterpflanze am nächsten sind, ab und setze sie in ein kleines Töpfchen mit Gartenerde und Kompost. Für ein, zwei Wochen stellst du den Nachwuchs an einen sonnigen, geschützten Ort, bis die Wurzeln ausgebildet sind. Dann kannst du sie in dein Hochbeet pflanzen.

☀–◑   🔨 VII–IX   🛒 VI–IX   ↕ ca. 20 cm

Da läuft einen doch das Wasser im Mund zusammen!

Stroh oder Mulchfolie verhindert den direkten Bodenkontakt der jungen Früchte und verringert die Fäulnisanfälligkeit.

Lycium barbarum

Gojibeere

Entscheidest du dich für die Gojibeere, bekommst du leckere Früchte für dein Hochbeet. Da der winterharte Strauch mit den Jahren recht groß und breit wird, räumst du ihm am besten von Anfang an genügend Platz ein. Ziehe ihn an einem horizontalen Gerüst, so hast du ihn unter Kontrolle. Im Herbst gönnst du ihm einen Rückschnitt. Die Beere mag es sonnig, gedeiht aber auch prima im Halbschatten. Sobald sich die kleinen lila Blüten zeigen, kannst du mit emsigem Insektenbesuch rechnen. Ab August sind die Früchte erntereif. Es ist etwas mühsam, sie von Hand zu ernten. Besser gelingt es, wenn du eine Decke unter die Pflanze legst und die Zweige schüttelst. So brauchst du die reifen Beeren nur noch aufsammeln.

Die roten Beeren enthalten viele gesunde Inhaltsstoffe, u.a. Vitamine und Spurenelemente.

  IV–VI  VIII–X ↕ 90–150 cm

---

Vaccinium myrtillus, Vaccinium corymbosum

Heidelbeere

Heidelbeeren sind Flachwurzler. Da sie zu den Moorbeetpflanzen gehören, brauchen sie einen sauren Boden. Hebe im Hochbeet etwas Erde aus. Setze eine Folie oder einen Pflanztopf mit folgenden Schichten ein: Rindenmulch, Laub und handelsübliche Rhododendronerde. Pflanze die Sträucher in einem Abstand von etwa 70 Zentimetern und setze die Pflanzen nicht zu tief. Gieße nur mit Regenwasser, Leitungswasser wäre zu kalkhaltig. Beim Düngen darfst du ruhig sparsam sein. Sobald die ersten Blüten kommen und zum Ende der Blüte kannst du für Rhododendron geeigneten Dünger auf den Wurzelbereich geben. In den ersten fünf Jahren wird die Pflanze nicht geschnitten, erst dann wird der Strauch leicht in Form gebracht und die älteren Zweige gestutzt.

Heidelbeeren sind im Hochbeet genau auf der richtigen Höhe für eine Naschfrucht.

 VIII–X, III–IV  VII–IX ↕ 50–130 cm

Rubus idaeus

Himbeere

Himbeeren gehören zu den Rosengewächsen und mögen leicht sandige und durchlässige Böden wie im Hochbeet. Wie alle Beeren lieben sie Sonne. Wenn du über einen längeren Zeitraum im Jahr Himbeeren ernten möchtest, kannst du Sommer- und Herbsthimbeeren kombinieren. Da sich die Wurzeln gerne ausbreiten, achte bei der Pflanzung auch im Hochbeet auf eine Wurzelsperre. Das gelingt prima mit breiten Streifen aus Teichfolie. Nach dem Einpflanzen beschattest du den Boden mit Stroh oder Rindenmulch, so trocknen die Wurzeln nicht so schnell aus. Gib dem Beerenobst gleich zu Beginn eine Kletterhilfe – diese kannst du leicht selbst bauen. Einfach Holzpfähle in die Erde stecken und dazwischen drei Spanndrähte befestigen.

Nutze bei Himbeeren Sommer- und Herbstsorten für eine verlängerte Erntezeit.

  VIII–X, III–IV VI–X ↕ 100–150 cm

Lonicera kamtschatica

Honigbeere

Die genügsame Honigbeere, auch als Maibeere bekannt, ist ein prima „Heidelbeerersatz" für Standorte, an denen Heidelbeeren nicht gedeihen. Aber sie ist natürlich weit mehr als nur ein Ersatz, schließlich schmecken die kleinen Beeren unwiderstehlich lecker und können sogar schon ab Ende Mai geerntet werden. Bis es aber soweit ist, heißt es pflanzen, düngen und gießen. Das robuste Gehölz stellt keine besonderen Ansprüche an den Boden und kommt mit Sonne bis Halbschatten zurecht. Pflanze sie im Herbst und sorge immer für ausreichend Wasser und etwas Beerendünger. Maibeeren sind selbstfruchtend, bringen dir aber in einer kleinen Gruppe angepflanzt mehr Ertrag.

Honigbeeren gibt es in verschiedenen Sorten, wobei alle einen heidelbeerähnlichen Geschmack haben.

 – IX–XI IV–V ↕ 80–150 cm

Ribes

Johannisbeere

Sie sind pflegeleicht, bringen einen guten Ertrag und sind auch für Anfänger total unkompliziert – drei gute Gründe, um Johannisbeer-Sträucher in deinem Garten anzusiedeln. Wenn du noch ein freies Plätzchen im Hochbeet hast, solltest du auf die schmackhaften Beeren nicht verzichten. Es gibt sie in Rot, Schwarz und sogar in Weiß. Alle Sorten sind selbstfruchtend, der Ertrag bei allen Johannisbeeren ist jedoch höher, wenn du eine zweite Sorte dazusetzt. So kannst du auch leicht die Erntezeit verlängern und von Juni bis September nach Herzenslust frische Beeren naschen.

Wähle für deine Johannisbeer-Sträucher einen sonnigen, windgeschützten Platz im Hochbeet. Beim Boden sind die Pflanzen nicht wählerisch, da sie jedoch Staunässe an den Wurzeln nicht mögen, ist ein Hochbeet mit Erdanschluss ideal. Pflanzt du im Herbst, kannst du im kommenden Sommer schon ernten. Nach dem Einpflanzen mit rund einem Meter Abstand voneinander wässerst du die Sträucher gut und entfernst zu schwache Triebe. Fünf bis sieben kräftige Triebe reichen für junge Sträucher aus; diese kürzt du direkt um ein Drittel bis maximal die Hälfte. Mehr braucht es nicht.

Damit du jedes Jahr viele Früchte erntest, hilft ein regelmäßiger Rückschnitt. Bedenke dabei: Schwarze Sorten tragen am besten am einjähri-

Je nach Farbe der Johannisbeeren schmecken die Früchte unterschiedlich!

Rote Johannisbeeren schmecken leicht säuerlich und enthalten viele gesunde Vitamine.

gen Holz, rote und weiße am zwei- bis dreijährigen. Mach den Schnitt gleich nach der Ernte, so kommt wieder genügend Luft und Licht an die Sträucher. Mit etwas zusätzlichem Beerendünger kannst du deinen Ernteertrag noch mal erhöhen. Kompost und Düngergaben im Frühjahr vor dem Austrieb und im Herbst vor der Winterruhe sorgen für kräftiges Wachstum.

Wenn du magst, kannst du deine Lieblingssorte auch vermehren. Das geht ganz einfach mit Steckhölzern. Schneide im Spätherbst einen kräftigen, einjährigen Trieb ab, entferne die Spitze und schneide daraus ca. 15–20 Zentimeter lange Steckhölzer. Pro Steckholz lässt du oben und unten jeweils ein Auge stehen und schneidest ein Ende gerade, das andere schräg. Stecke das gerade Ende zu ca. drei Viertel in lockere Erde und halte alles während des Winters feucht. Nach dem Bewurzeln einfach einpflanzen.

Schwarze Beeren eignen sich hervorragend für Konfitüren, Saft und Likör.

 – VIII–X  VI–VIII ↕ 90–180 cm

Ribes × nidigrolaria

Jostabeere

Jostabeeren sind eine robuste Kreuzung aus Schwarzer Johannisbeere und Stachelbeere und begeistern mit fruchtigem Geschmack. Die Sträucher sind recht anspruchslos und bevorzugen Sonne bis Halbschatten. Der humose, lockere Boden im Hochbeet ist optimal geeignet, denn Staunässe mag die Beere nicht. Da sich Jostabeeren selbst befruchten, genügt ein einziger Strauch. Mit einer zweiten Pflanze sorgst du allerdings für mehr Ertrag und kannst die Erntezeit verlängern. Zweimal im Jahr gibst du eine Extraportion Beerendünger dazu: im Frühjahr vor dem Austrieb und im Herbst vor der Winterruhe. Außerdem kannst du im Herbst ältere, nicht mehr tragende Zweige entfernen. Du erkennst sie an der dunkleren Farbe der Rinde.

Jostabeeren schmecken frisch vom Strauch oder als Gelee, Marmeladen und Konfitüren.

 – VIII–X  VI–VII ↕ 90–170 cm

Morus

Maulbeere

Wenn du den herb-lieblichen Geschmack frischer Maulbeeren liebst, dann reserviere dem Gehölz einen Platz in deinem Hochbeet. Das Besondere: Von Mai bis September werden immer wieder neue Beeren reif! Da der Schwarze Maulbeerbaum recht groß werden kann, entscheide dich am besten für die niedrigere Weiße Maulbeere, die je nach Sorte weiße, rötlich-violette oder schwarz-rote Beeren bildet. Auch Zwerg-Maulbeersorten oder Maulbeeren als Säulenobst eignen sich fürs Hochbeet. Der Boden sollte kalkhaltig und nicht zu nährstoffreich sein; ein windgeschützter Sonnenplatz ist Voraussetzung für gutes Gedeihen. Maulbeerbäume sind selbstfruchtbar; Jungpflanzen brauchen allerdings Winterschutz.

Die Früchte des Maulbeerbaums färben ab, wenn sie herunterfallen.

 VIII–X, III–IV  VI–IX  100–150 cm

Rubus chamaemorus

Moltebeere

Die nordische Superbeere sieht wie eine große Brombeere aus, leuchtet aber in freundlichem Gelb-Orange. Sie ist in Lappland zuhause, fühlt sich aber auch in deinem Hochbeet wohl. Ihr Beiname „Sumpfbrombeere" kommt nicht von ungefähr, denn sie wächst am besten in leicht saurem, feuchtem und sumpfigem Boden. Staunässe verträgt sie jedoch nicht. Hast du noch ein halbschattiges, windgeschütztes Plätzchen frei, dann hole dir die Moltebeere in dein Zuhause. Sie passt gut als Bodendecker zu deinen Heidelbeeren. Mit der Moltebeere hast du eine echte Rarität im Beet, denn die Pflanze ist nicht überall erhältlich. Blütezeit ist im Juni/Juli, im Spätsommer entwickelt sich die Frucht. Im Winter ziehen sich die oberirdischen Pflanzenteile zurück.

Moltebeeren schmecken süß-säuerlich und lassen sich hervorragend zu Saft oder Likör verarbeiten.

 VIII–X, III–IV  VII–VIII  25–45 cm

Physalis peruviana

Physalis

Die orangefarbene exotische Frucht schmeckt köstlich zu Joghurt und Quark. Auch im Obstsalat und bei der Dekoration von Desserts machen die kirschgroßen Beeren eine gute Figur. Die Kapstachelbeere oder Andenbeere wünscht sich einen sonnigen und windgeschützten Standort, der vor Regengüssen sicher ist. Baust du für deine Tomaten im Hochbeet ein Dach, kannst du die Physalis gleich mit unterstellen. Eine Stütze für die ausladende Pflanze ist hilfreich. Sobald sich die ersten Blüten zeigen, dauert es bis zur Ernte noch ca. acht bis neun Wochen, dann erscheinen die kleinen grünen Lampions. Sie verfärben sich orange bis hellbraun und dann können die Beeren bis Ende August, Anfang September geerntet werden.

Physalis sind erst dann reif, wenn die Lampionhülle vertrocknet ist.

  V–VI VI–X ↕ 40–70 cm

Amelanchier alnifolia

Saskatoon-Beere

Die Saskatoon-Beere gehört zur Familie der Felsenbirnen und passt ausgezeichnet in dein Naschbeet. Da sie etwas Platz braucht, entscheide dich am besten für eine niedrig wachsende Sorte mit schlanker, aufrechter Wuchsform. Wähle einen sonnigen bis leicht halbschattigen Platz und pflanze das hübsche, frostharte Gehölz in nährstoffreiche Erde. Von April bis Mai erlebst du ein duftendes Blütenmeer, bis sich die kleinen, anfangs mattroten Früchte zeigen. Ab Juni/Juli verfärben sie sich schwarz und können direkt vom Strauch genascht werden. Pass aber auf und beeile dich, sonst kommst du zu spät – denn die süßen Beeren sind auch bei Vögeln sehr beliebt!

Die violett-schwarzen Beeren schmecken frisch-säuerlich.

 VIII–X, III–IV  VI–VII  ↕ 120–200 cm

Ribes uva-crispa

Stachelbeere

Rot, Grün oder Gelb – welche Farbe holst du dir ins Hochbeet? Die kugelrunde Stachelbeere macht es dir nicht einfach, denn alle Sorten schmecken erfrischend aromatisch. Hast du genügend Platz, schnappst du dir am besten gleich alle drei. Besondere Ansprüche haben die Beeren nicht, da sie allerdings häufig von Mehltau befallen werden, pflanze besser nur mehltauresistente Sorten. Achte beim Kauf auf das „Re" im Namen, das ist ein Hinweis für besondere Mehltau-Resistenz. Zeigt sich der weiße Belag dennoch auf Triebspitzen und jungen Blättern, musst du das befallene Holz komplett zurückschneiden.

Stachelbeeren sind besonders anspruchslose und treue Gesellen. Auch wenn sie nicht viel Pflege verlangen, bringen sie dir Jahr für Jahr ihre süßsauren Früchte. Je nach vorhandenem Platz kannst du dich für Büsche, Halbstämme oder Hochstämme entscheiden. Stämmchen sind für das Hochbeet optimal geeignet, wobei du sie am besten mit einem Meter Abstand in Reihe pflanzt. Wichtig ist ein Sonnenplatz, das darf in wärmeren Regionen auch gerne Sonne am Morgen und Schatten am Nachmittag sein. Zu pralle Sonne mögen sie nicht. Gießt du die Stämmchen noch regelmäßig, ist ein guter Ernteertrag schon fast gesichert.

Die Mühe lohnt sich, auch wenn es ab und zu unangenehm pieckst!

Beim Ernten machen Stachelbeeren ihrem Namen alle Ehre – es schmeckt aber lecker!

Stachelbeerbüsche brauchen in der Regel kein Spalier. Hochstämme hingegen benötigen einen Stützpfahl, um die Krone zu schützen.

Ein Auslichtungsschnitt im Winter sorgt dafür, dass die Triebe stärker werden und die Beerenlast besser tragen können. Stachelbeeren haben ihren Namen übrigens völlig zu Recht, obwohl sie eigentlich keine Stacheln, sondern Dornen tragen. Mittlerweile gibt es aber auch dornenarme Sorten, sodass das Ernten leichter fällt. Ab Juni sind die ersten Früchte reif und du kannst sie für Marmeladen und Gelees verwenden. Aufgrund des hohen Pektingehalts geliert die Fruchtmasse sehr gut. Naschst du sie lieber frisch, dann lasse sie noch etwas zum Weiterreifen hängen und du kannst zuschauen, wie sie dicker und praller werden. Zudem schmecken sie dann noch süßer und aromatischer.

Stachelbeeren werden mit dem Stiel geerntet und später verlesen. Du kannst sie auch gut einfrieren.

 IX–XI VI–VIII  50–150 cm

---

Rubus fruticosus x *idaeus*

Tayberry

Sie bezaubert mit den besten Eigenschaften von Brombeere und Himbeere, denn aus diesen Beeren ist die Taybeere entstanden. Wenn du diese Früchte liebst, dann hole dir unbedingt eine Taybeeren-Pflanze in deinen Garten. Sie braucht in der Breite nicht viel Platz und passt optimal in dein Hochbeet. Da sie sehr lange Ruten bildet, kannst du ihr eine Rank- oder Rosensäule zur Seite stellen und bekommst damit nicht nur leckere Beeren, sondern auch gleich einen tollen Hingucker in deinem Beet. Die Triebe der Tayberry sind sehr stachelig. Wenn dich das stört, hole dir eine dornenlose Tayberry-Sorte. Pflanze sie an einen sonnigen, geschützten Platz. Im Juli reifen die zapfenförmigen Beeren.

Die Tayberry ist relativ robust und kälteresistent.

 VIII–X, III–IV 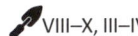 VI–VII  90–180 cm

Bienen-Hochbeet

Bienen bestäuben die Blüten unserer Pflanzen und sorgen so dafür, dass wir leckeres Obst und Gemüse genießen können. Finden sie nicht mehr genug Nektar und Pollen für ihre Ernährung bzw. die ihres Nachwuchses, gibt es bald auch keine Pflanzen mehr! Mehr als Grund genug, ihnen mit einem bienenfreundlichen Hochbeet „unter die Flügel" zu greifen.

Wikungsvolle Bienen-Hilfe

Wer es Bienen in der Nähe des Hochbeets besonders gemütlich machen möchte, sorgt neben nahrhaften Blühpflanzen auch für das nötige Drumherum. So freuen sich Wildbienen über ein Insektenhotel zum Nisten, das du mit Eingang nach Süden am Hochbeet befestigst. Befüllt wird es z. B. mit hohlen Bambus-, Stroh- oder Schilfhalmen. Du kannst aber auch die Zwischenräume eines Palettenhochbeets oder eine am Hochbeetrahmen aufgehängte Blechbüchse damit bestücken. Als Wasserstelle zum Durstlöschen dient ein flaches Schälchen mit ein paar Steinen als sicherer Landeplatz.

Was macht eine bienenfreundliche Pflanze aus?

Da nicht alle Pflanzen gleich viel Pollen und Nektar produzieren, ist Abwechslung gefragt. Achte dabei auf ungefüllte Blüten, denn mit gefüllten können Bienen nichts anfangen. Besonders gern mögen sie duftende, bunte Blüten – vor allem blaue und gelbe. Kombiniere deine Hochbeetpflanzen so, dass sie mit unterschiedlichen Blütezeiten die ganze Saison abdecken. Ganz vorne liegen Frühlings- und Herbstblüher, denn sie sind wertvolle Nahrungsquellen, wenn sonst nicht viel blüht. Beliebt sind z. B. auch Dauerblüher wie Ringelblumen, Kapuzinerkresse oder Duftnesseln.

Standorte für Bienen-Hochbeete

Für dein Gartenhochbeet kannst du z. B. bienenfreundliche Gemüsearten wie Kohl, Möhren, Ackerbohnen, Kürbisgewächse und Zwiebeln wählen. Nach der Ernte finden darin dann Sommerblumen wie Vanilleblume, Zinie und Duftsteinrich Platz und ein altes, nährstoffarmes Gemüsehochbeet kannst du für Wiesenblumen wie Kornblume oder Kamille nutzen. Ringelblumen, Lupinen, Klee und Bienenfreund eignen sich als Zwischensaat im Hochbeet vor einer Neubepflanzung mit Gemüse. Oder wie wäre es mit einem Balkonhochbeet mit Kräutern und Stauden? Für einen Nordbalkon eignen sich z. B. Akelei, Astilbe und Lungenkraut, die auch im Halbschatten gut gedeihen. Für den Südbalkon können es z. B. sonnenliebende Wildblumen wie Margerite, Färberkamille und Wiesenknöterich oder mediterrane Kräuter wie Oregano und Salbei sein. Für Ost- und Westbalkone bieten sich Glockenblume, Minze und Schnittlauch an. Und auf heißen Dachgärten gedeihen Sonnenanbeter wie Katzenminze und Thymian prima.

Bienenpflanzen fürs Hochbeet

Pflanze	Blütezeit	Höhe	Nektar/Pollen
• Astilbe	VI–VII	bis 100 cm	Nektar: hoch/Pollen: hoch
• Borretsch	VI–IX	40–80 cm	Nektar: sehr hoch/Pollen: mittel
• Katzenminze	VII–VIII, IX	60–80 cm	Nektar: hoch/Pollen: gering
• Krokus	III–IV	6–15 cm	Nektar: hoch/Pollen: mittel
• Lavendel	VI–VIII	40–70 cm	Nektar: hoch/Pollen: gering
• Lungenkraut	III–V	20–35 cm	Nektar: mittel/Pollen: mittel
• Bienenfreund	VI–IX	20–120 cm	Nektar: sehr hoch/Pollen: hoch
• Schneeglöckchen	II–IV	10–20 cm	Nektar: mittel/Pollen: mittel
• Sonnenbraut	VII–IX	bis 120 cm	Nektar: hoch/Pollen: sehr hoch
• Thymian	VI–X	bis 30 cm	Nektar: mittel/Pollen: mittel

Stauden und Sommerblumen im Hochbeet

Jetzt wird's bunt!

Ansprüche kennen

Eine strenge Fruchtfolge wie beim Gemüse-Hochbeet musst du bei der Pflanzung von Sommerblumen und Stauden nicht einhalten. Aber auch unter ihnen kannst du Starkzehrer, Mittelzehrer und Schwachzehrer finden. Viele Nährstoffe braucht beispielsweise die Pelargonie, während du Lavendel als Schwachzehrer auch in älteren Hochbeeten nicht düngen musst. Die Schafgarbe ist dagegen ein typischer Mittelzehrer. Es schadet also nicht, wenn du bei der Bepflanzung deines Blumen-Hochbeets die Nährstoffansprüche ein wenig im Auge behältst.

Kombiniert mit Frühblühern, sorgen Sommerblumen und Stauden die ganze Saison für Farbe.

Etwas Ordnung muss sein

Wenn du dein Hochbeet mit verschiedenen Sommerblumen und Stauden bepflanzen möchtest, solltest du dir vorher etwas Gedanken machen. Zum einen sollte die Farbkombination stimmen, zum anderen sind auch auf die unterschiedlichen Wuchshöhen zu achten. Pflanzt du nämlich eine hochwachsende Staude vor einer niedrig wachsenden Sommerblume, ist von Letzterer eventuell nichts mehr zu sehen. Und das wäre doch schade! Hier kannst du tatsächlich schematisch vorgehen: Die Größten nach hinten, die Kleinsten nach vorn. So hast du den gesamten Pflanzenreichtum deines Hochbeetes immer im Blick.

Dauerbewohner im Hochbeet

Stauden wie z. B. Storchschnabel, mehrjährige Lavendel-Arten, Funkie oder Katzenminze sind treu und kommen immer wieder! Deshalb können sie zu echten Dauerbewohnern in deinem Hochbeet werden. Wenn du sie dann noch mit den einjährigen Sommerblumen wie Kapkörbchen, Strohblume oder Pelargonie kombinierst, kannst du dich jedes Jahr an einem bunten Reigen aus Farben und Formen erfreuen.

Aquilegia

Akelei

Die Akelei ist im Blumen-Hochbeet ein ganz bezaubernder Anblick und gehört zu den winterharten, aufrecht wachsenden Stauden. Ihre Blüten in Dunkelblau, Violett, Rosa oder Weiß werden oft und gerne von Bienen und Hummeln angeflogen, weshalb sie sich gut als Bienenweide eignet. Pflanze sie an einem sonnigen bis halbschattigen Plätzchen in dein Hochbeet und kombiniere sie z. B. mit Storchschnabel oder Sterndolden. Die Akelei ist ein Selbstaussäer und kann sich schnell auch außerhalb deines Hochbeets ansiedeln. Möchtest du das verhindern, kannst du die Saatstände zurückschneiden, was zudem die Langlebigkeit des hübschen Frühblühers fördert. Da sie viel Wasser braucht, solltest du sie nie austrocknen lassen.

Schon ab Mai locken die duftenden Blüten der Akelei Bienen und Hummeln an.

 –   IX–XI   ❀ V–VI   ↕ 30–70 cm

Veronica spicate

Ehrenpreis

Der Ährige Ehrenpreis ist eine Staude, die dich vor allem von Juni bis August mit ihrer Farbenpracht begeistern wird. Seine Blüten können zwischen hell und dunkel in allen verschiedenen Blautönen gefärbt sein. Aber auch Lila und Rosa gehören zu seinem Farbspektrum. Kalkfreie oder kalkarme Humusböden mag er besonders gern und wenn es draußen zu trocken wird, solltest du ihm genügend Wasser geben. Im Winter mag er es jedoch eher trocken und nicht zu nass. Eine üppige Blüte kannst du anregen, indem du vertrocknete Blüten immer entfernst. Seine niedrig wachsenden Arten sind als Bodendecker geeignet. Doch er verfügt auch über langstielige Arten, deren Kerzen du zu schönen Blumensträußen binden kannst.

Ehrenpreis ist eine recht unkomplizierte Staude, die an fast allen Standorten gedeiht.

 –   IX–XI   ❀ V I–VII   ↕ 10–40 cm

Centaurea

Flockenblume

Die pflegeleichte Flockenblume gehört zur Familie der Korbblütler, die etwa 500 Arten umfasst. Du hast also die Qual der
Wahl, wenn du Flockenblumen für dein Hochbeet aussuchen
möchtest. Kleine Arten kannst du durchaus als Bodendecker
verwenden. Große Arten werden gern bis zu 120 Zentimeter
hoch und gehören darum eher in den Hintergrund des Hochbeetes. Flockenblumen mögen es gerne sonnig und bevorzugen lockere und nährstoffreiche Böden. Als Hochbeet-Partner
kannst du z. B. Iris oder Steppen-Salbei danebenpflanzen.

 IX–XI VI–VII 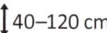40–120 cm

Fuchsia

Fuchsie

Ob rot, blau oder weiß – mit Fuchsien bringst du Farbe in dein
Hochbeet. Anders als die meisten anderen Sommerblüher gedeihen sie lieber im Halbschatten als in der prallen Sonne. Besonders schön machen sich Hänge-Fuchsien, die über den
Hochbeetrand hinauswachsen. Man muss kein Experte sein,
um sie zum Blühen zu bringen. Gegossen wird nur bei Bedarf,
wenn der Wurzelballen etwas abgetrocknet ist. Bei heißem,
trockenem Wetter kannst du sie zudem mit Wasser besprü-
hen. Es gibt sogar winterharte Arten, die Frost vertragen!

Mögen's schattig

– IV–VII VII–IX 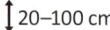20–100 cm

Hosta

Funkie

Selbst im Hochbeet gibt es immer eine meist dunkle Ecke,
wo absolut nichts wachsen will. Wirklich nichts? Doch – die
Funkie. Die Schattenpflanze aus den Wäldern Asiens liebt voll-
schattige Plätze und fühlt sich dort pudelwohl. Auf ausgefalle-
ne Blüten legt sie zwar keinen Wert, jedoch punktet die Staude mit vielfältigen Blattformen in wunderschönen
Farbschattierungen in den unterschiedlichsten Grüntönen. Mit
Funkien kannst du also versteckte, dunkle Ecken deines Hochbeets in einen echten Hingucker verwandeln.

– IX–XI VI–VIII (je Art) 30–70 cm

Chrysogonum virginanum

Goldkörbchen

Wenn du einen pflegeleichten Dauerblüher für dein Hochbeet suchst, könnte das Goldkörbchen genau das Richtige für dich sein. Der aus Nordamerika stammende Bodendecker aus der Familie der Korbblütler präsentiert von Mai bis Oktober, ohne müde zu werden, immer wieder aufs Neue seine frischen sternförmigen Blüten, die in sattem Gelb weithin leuchten. Einzeln und allein mag die Pflanze fast unscheinbar wirken, doch in Gruppen offenbart sie eindrucksvoll ihre ganze Pracht.

Pflanze sie am besten in einem Abstand von ca. 30 Zentimetern in durchlässigen und nährstoffreichen Boden. Besonders gut zur Geltung kommt ihr strahlendes Gelb, wenn du

Goldkörbchen mit farblich kontrastierenden Stauden kombinierst. Geeignet wären z. B. violett blühende Storchschnäbel oder die Kaukasus-Katzenminze. Goldkörbchen lieben übrigens den tiefgründigen Boden eines Hochbeets, der nicht trocken sein sollte. Staunässe solltest du aber unbedingt vermeiden, darauf reagieren sie nämlich gar nicht gut. Auch Bienen kommen gern bei ihnen vorbei, um frischen Nektar zu tanken. Daher wird das Goldkörbchen auch gern als Honigmacher-Pflanze bezeichnet und eignet sich gut als Bienenweide.

 – IX–XI   V–IX ↕ 10–25 cm

Goldkörbchen ist mehrjährig und winterhart.

Das Goldkörbchen, ein pflegeleichter Dauerblüher, verwandelt das Hochbeet schon ab Mai in ein duftendes gelbes Blütenmeer.

Lamium galeobdolon

Goldnessel

Die Goldnessel ist auch als Gelbe Taubnessel bekannt und zeigt von April bis Juli ihre namensgebenden goldgelben Blüten. Sie ist eine dicht wachsende sowie ausbreitungsfreudige Pflanze und kann daher gut als immergrüner Bodendecker im Hochbeet dienen. Praller Sonnenschein ist nicht ihr Ding – sie liebt eher den Halbschatten. Dort kommt sie sehr gut mit dem Storchschnabel aus. Wenn du sie Ende Herbst nicht zurückschneidest, bleiben ihre silbrig glänzenden Blätter den Winter über erhalten. Bei Schnee und Frost ergibt das im winterlichen Garten ein schönes Bild. Die Goldnessel sieht übrigens nicht nur gut aus, sondern riecht auch angenehm und ist in der Küche verwendbar – z. B. als Würzkraut für Eintöpfe.

Die Blüten der Goldnessel können in Salaten, Suppen und Kräuterbutter verwendet werden.

  IX–XI V–VI ↕ 20–30 cm

Osteospermum

Kapkörbchen

Für eine mediterrane Hochbeetbepflanzung sind Kapkörbchen ideal! Die hübschen einjährigen Sommerblumen mit ihren orangen, weißen oder blauen Blüten haben eine lange Blütezeit und sorgen bis in den späten Herbst für Gärtnerglück. Die sonnenhungrigen Pflanzen mögen einen warmen und sonnigen Standort. Nach den Eisheiligen, Mitte Mai, kannst du sie ins Hochbeet pflanzen. Dazu noch ein Windschutz, damit die Blüten nicht abknicken, sowie der durchlässige Boden im Hochbeet und es bleiben keine Wünsche mehr offen. Außer der nötigen Bewässerung in Trockenperioden benötigen die hübschen Sommerblüher keine besondere Pflege. Wer die verwelkten Blüten dann noch regelmäßig ausschneidet, wird dafür stets mit neuen Blüten belohnt.

Die farbenfrohen Kapkörbchen erfreuen mit ihrer langen Blütezeit Gärtner sowie Bienen und Hummeln.

  V V–X ↕ bis 50 cm

Nepeta cataria

Katzenminze

Mit ihrem violett-blauen Blüten und ihrer besonders langen Blütezeit von Mai bis September macht sich die Katzenminze im Hochbeet richtig gut. Als sanfter Kontrast zu opulenten Stauden kann sie richtig punkten. Zudem ziehen ihre ätherischen Öle viele Schmetterlinge an und vertreiben sogar zahlreichen Schädlinge wie Stechmücken. Katzenminze ist pflegeleicht und gedeiht besonders gut an einem sonnigen Standort in lockerem Boden eines Hochbeets. Möchtest du die Blütezeit verlängern, schneidest du sie nach der Hauptblüte im Juli zurück.

☀ 🗡 IX–XI ❀ VII–VIII, IX ↕ 60–80 cm

Lavandula angustifolia

Lavendel

Wer sich wie auf Sommerurlaub in der Provence fühlen will, holt sich den Lavendel ins Hochbeet. Der immergrüne, winterharte Strauch ist ein Spezialist für warme, sonnige Standorte. Solange er einen tiefgründigen, lockeren, sandigen bzw. kiesigen Boden hat, benötigt er nur wenig Wasser. Lavendel pflanzt du im Frühjahr nach dem letzten Frost im Abstand von 40 Zentimetern. Auch eine Abdeckung mit Fichtenreisig im Winter tut ihm gut. Kraut und Blüten kannst du dann von Juni bis August ernten.

Duftet toll!

☀ 🗡 IX–XI ❀ VI–VIII ↕ 40–70 cm

Dianthus

Nelke

Wer eine große Auswahl möchte, wird an der Nelke seine Freude haben. Denn mit weltweit über 40 verschiedenen Arten hat sie viel Abwechslung zu bieten. Ein sonniger Standort sollte es für die herrlich duftenden Pflanzen schon sein, denn Nelken sind wahre Sonnenanbeter. Zu ihrem Glück fehlt ihnen dann noch der nährstoffreiche, durchlässige Boden im Hochbeet. Die ideale Pflanzzeit ist im Frühjahr. Viel Wasser benötigen Nelken nicht. Entferne nur von Zeit zu Zeit die verwelkten Blütenstiele, um Platz für neue Blüten zu schaffen.

☀ 🗡 IV–V ❀ VI–IX ↕ bis 50 cm

Ideal ist ein windgeschützter Standort, da die Triebe bei starken Böen brechen können.

Pelargonium

Pelargonie

Lange Blütezeiten, kinderleichte Pflege und schmucke Blüten – für Pelargonien spricht so einiges. Warum also der beliebten Balkonpflanze nicht auch ein Plätzchen im Hochbeet einräumen? Es gibt zahlreiche stehende und hängende Züchtungen, weshalb sich viele Kombinationen unterschiedlicher Sorten anbieten. Hängepelargonien kannst du z. B. an den Rand deines Hochbeets setzen, damit ihre üppige Blütenpracht dekorativ über die Hochbeetkante hinauswächst.

Die oft fälschlicherweise Geranie genannte Pelargonie ist ein unermüdlicher Sommerblüher, der dich den ganzen Sommer lang mit immer neuen Blüten erfreut. Pelargonien gibt es von weiß über rosa und rot bis hin zu violett in zahlreichen Farben. An einem vollsonnigen Standort ist die Pelargonie bestens aufgehoben. Da sie als Starkzehrer einen hohen Nährstoffbedarf hat, ist sie vor allem für die Erstbepflanzung eines Hochbeets eine gute Wahl. Wenn du sie mit reichlich Wasser versorgst und welke Pflanzenteile regelmäßig ausputzt, kannst du eigentlich nichts falsch machen.

Da die sommerlichen Pflanzen nicht winterhart sind, möchten sie rechtzeitig im Herbst ins Haus geholt werden. Ihr Winterquartier gestaltest du hell und möglichst kühl. Gute Alternative bei akutem Platzmangel: Einfach Stecklinge schneiden und auf der hellen Fensterbank bis zum Frühjahr zu kräftigen Jungpflanzen heranziehen.

V   V–X ↕ 25–40 cm

Auch in ausgefallenen Hochbeeten machen sich die verschiedenen Pelargonienarten prima.

> ## PSSSSST
> ### Duftpelargonien gegen Mücken
>
> Lästige Mücken kannst du mit Zitronen-Pelargonien ganz einfach vertreiben: Was für deine Nase angenehm riecht, mögen die blutsaugenden Insekten gar nicht.

Phlox drummondii

Phlox

Mit seinen zahlreichen Arten bietet der wohlriechende Phlox für jeden Geschmack etwas –
vom hoch wachsenden Staudenphlox bis hin
zum niedrigen Polsterphlox, der seine dekorativen Polster im Sommer nach und nach über
den Hochbeetrand schiebt. Phlox gibt es in
blauen, gelben, roten und weißen Varianten.
Einen vollsonnigen Standort und den nährstoffreichen, durchlässigen Boden im Hochbeet dankt er dir mit Vitalität und Blütenfülle.
Einjährige Arten pflanzt du nach den Eisheiligen im Mai, alle anderen kannst du in frost-
freien Zeiten ganzjährig pflanzen. Gieß die
Pflanzen immer nur, wenn die Erde abgetrocknet ist, jedoch nicht auf die Blätter und
nicht bei praller Sonne, um Verbrennungen zu
vermeiden.

Phlox ist eine klassische Bauerngartenpflanze und
beeindruckt mit schönen Blüten und tollem Duft.

  IX–XI VII–IX ↕ 10–60 cm

Astilbe

Prachtspiere

Astilben stammen ursprünglich aus Asien und
sind dort in der Lage, selbst in sonnenfernen
Wäldern üppig zu blühen. Deshalb sind sie die
perfekte Wahl, wenn du auf der Suche nach
einer robusten Staude für ein Hochbeet im
Schatten bist. Auch in einem Hochbeet, das
unter Bäumen seinen Platz hat, können die fe-
derartigen Rispen von Juni bis September für
leuchtende Farben sorgen. Die Höhe der Stauden bewegt sich zwischen 10 und 100 Zentimetern, sodass du sie sowohl als Bodendecker wie als Hintergrundpflanze im Hochbeet
verwenden kannst. Pflanze sie im Frühjahr
oder im Herbst in dein Hochbeet und achte
darauf, dass der Boden nicht zu trocken ist.
Sie haben einen hohen Wasserbedarf und
mögen es gerne feucht.

Die weißen, rosa oder lilafarbenen Blütenrispen
nehmen im Herbst eine schöne braune Farbe an.

  IX–XI VI–VII ↕ bis 100 cm

Ipomoea

Prunkwinde

Die eifrigen Kletterer mit ihren meterlangen Trieben und hübschen lila-weißen Blüten erfreuen sich besonders als Sichtschutz an Balkon und Terrasse großer Beliebtheit. Du kannst die Pflanzen entweder in der Gärtnerei kaufen oder im März einfach auf der hellen Fensterbank aus Samen ziehen. Schon als Jungpflanzen beginnt die Prunkwinde tüchtig zu klettern. Sorg also dafür, dass sie schon früh einen Bambusstab als Rankhilfe erhält. Ab Mitte Mai, wenn keine Fröste mehr zu erwarten sind, können die Jungpflanzen ins Hochbeet umziehen. Oder du säst die Samen ab Mai direkt ins Beet. Biete der Prunkwinde in deinem Hochbeet einen vollsonnigen Standort und einen lockeren, humosen Boden und sorge stets für genügend Wasser.

Die Prunkwinde mag nährstoffreiche Böden und wächst daher im Hochbeet auf Hochtouren.

 V VII–X ↕ bis 300 cm

Achillea millefolium

Schafgarbe

Nicht nur Schafe machen sich mit Vorliebe über die Blätter der Schafgarbe her, auch bei uns Zweibeinern ist sie äußerst beliebt, z. B. als beliebtes Frauen- und Wundheilkraut. Darüber hinaus ist die essbare Heilpflanze auch optisch ein absolutes Highlight. Säe die Samen einfach im April in einem Reihenabstand von etwa 30 Zentimetern direkt in dein Beet. Noch einfacher ist es, wild wachsende Schafgarben auszugraben und im heimischen Hochbeet anzusiedeln. In einem sonnigen Hochbeet mit einem nicht allzu feuchten Boden ist die anspruchslose Pflanze bestens bedient. Von Juni bis Oktober dankt sie dir den geringen Pflegeaufwand mit einer Vielzahl leuchtender Blüten und einem angenehmen Duft.

Schafgarbe gibt es in verschiedenen Farben von Weiß über Rosa bis hin zu Gelb.

 IX–XI VI–VII, IX ↕ 40–70 cm

Helianthemum
Sonnenröschen

Wenn dein Blumenhochbeet mit einem durchlässigen Boden mit hohen Sand- und Kiesanteilen gefüllt ist und sich im Sonnenschein befindet, fühlen sich Sonnenröschen darin pudelwohl. Der anspruchslose, robuste Zwergstrauch mit Staudencharakter macht relativ wenig Arbeit, aber ganz ohne Pflege kommt er natürlich nicht aus. So ist beispielsweise ein leichter Rückschnitt nach der Blühphase keine schlechte Idee. Auf diese Weise sorgst du dafür, dass die Pflanze sich kompakter entwickelt und nicht von unten her verkahlt. Im Frühling kannst du dann noch einen etwas stärkeren Rückschnitt vornehmen. Der führt dazu, dass das Sonnenröschen von unten frisch austreibt. Ansonsten solltest du es noch regelmäßig, aber mäßig gießen.

Wochenlang bilden sich stetig neue Blüten, die sich morgens öffnen und meist nur einen Tag blühen.

  IX–XI V–VII ↕ 10–15 cm

Geranium
Storchschnabel

Der pflegeleichte Storchschnabel trägt den botanischen Namen Geranium oder auch Geranie, was zu allerlei Verwechslungen führt, weil die Pelargonie umgangssprachlich ebenfalls als Geranie bezeichnet wird. Botanisch sind aber nur die Storchschnabelarten Geranien. Sie umfassen mindestens 400 Arten mit Blüten zwischen weiß, rosa, blau und violett und erreichen Höhen zwischen 15 und 100 Zentimetern. Der Storchschnabel blüht zwischen Mai und September oder auch bis hinein in den Oktober und liebt nährstoffreiche, lockere und mäßig feuchte Hochbeete. Staunässe solltest du lieber vermeiden. Im Hochbeet ist er der ideale Partner für viele andere Stauden und Sommerblumen wie z. B. Akelei, Goldnessel oder Goldkörbchen.

Der Storchschnabel liebt Halbschatten und ist z. B. ideal für ein Hochbeet auf dem Ostbalkon.

 – IX–XI 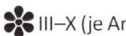 III–X (je Art) ↕ bis 60 cm

Helichrysum

Strohblume

Wer sein Heim gerne mit Schnittblumen verschönert, wird von der dekorativen Strohblume begeistert sein. Denn sie ist sehr gut haltbar und macht sich prima in der Vase. Wie der Name schon verrät, eignen sich die strohigen Blüten auch bestens zum Trocknen. Aber auch im Hochbeet gibt die Strohblume von Juni bis August mit ihren gelben, rosa, roten, weißen und violetten Blütenblättern eine gute Figur ab. Die einjährige Pflanze kommt in verschiedenen Arten vor – von hohen bis zu kleinwüchsigen Züchtungen. Vielleicht am bekanntesten ist dabei die Gartenstrohblume. Ein vollsonniger Standort und ein durchlässiger Boden sind das A und O, damit sie in deinem Hochbeet gut gedeiht. Entweder du ziehst sie ab März im Haus oder im Frühbeetkasten vor und lässt sie ab April ins Hochbeet umziehen oder du säst die Samen im April direkt ins Beet. Da Strohblumen trockene Böden lieben, kannst du's beim Gießen eher entspannt und sparsam angehen lassen. Die Faustregel lautet hier: Lieber wenig und dafür öfter – besonders im Sommer. Wenn du dann auch noch regelmäßig verblühte und vertrocknete Pflanzenteile entfernst, läuft in deinem Strohblumenbeet alles glatt und du kannst mit einem echten Hingucker prahlen.

 IV–V VII–IX ↕ 30–100 cm

Mag es nährstoffarm, aber humusreich.

Strohblumen sind farbenfrohe, pflegeleichte einjährige Sommerblumen, die sich im warmen Hochbeet sehr wohlfühlen.

Tagetes

Studentenblume

Studentenblumen bringen Farbtupfer in dein Hochbeet. Sie mögen es sonnig, vertragen aber auch Halbschatten. Entscheidest du dich für ungefüllte Sorten, ziehst du fleißige Bienen an und bietest ihnen Nahrung. Pflanzt du die Blumen zwischen dein Gemüse, vertreiben sie durch ihren Geruch Kohlfliegen und schützen dein Wurzelgemüse wie Möhren und Sellerie vor Würmern. Schnecken lieben übrigens Tagetes. Mache dir das zunutze und setze nach den Eisheiligen einige Studentenblumen als Ablenkung neben deine Salatpflanzen.

  V–VI VI–X ↕ 20–90 cm

Verwelkte Blüten regelmäßig entfernen.

Heliotropium arborescens

Vanilleblume

Die Vanilleblume bezaubert mit hübschen violetten Blüten, die sich von Mai bis zum ersten Frost zeigen. Dabei richtet sie die Blüten immer nach dem Stand der Sonne aus. Ihren Namen verdankt sie dem markanten Vanilleduft, der nicht nur deiner Nase schmeichelt, sondern auch Bienen und Schmetterlinge in dein Hochbeet lockt. Gönne ihr einen windgeschützten, sonnigen bis halbschattigen Platz und gieße sie regelmäßig. Mit Stecklingen kannst du sie vermehren.

  V–VI V–X ↕ 20–60 cm

Verbena

Verbene

Mit dieser farbenfrohen Pflanze kommt Schwung in dein Hochbeet. Sie blüht bis weit in den Spätsommer hinein und ist bei Schmetterlingen sehr beliebt. Verbenen mögen einen sonnigen Standort. Entfernst du regelmäßig Verblühtes, wirst du mit reicher Blütenfülle belohnt. Kleine Sorten eignen sich hervorragend als Lückenfüller im Beet, die aufrecht blühende Art ist eine tolle Strukturpflanze.

  V–VI V–X ↕ 15–30 cm

Lantana

Wandelröschen

Die Schönheiten stammen aus Südamerika und schmücken dort Balkone, Hauswände und Gärten. In unseren Breitengraden ist das Wandelröschen leider nicht winterhart und muss deshalb im Spätherbst umziehen. Am besten nutzt du zum Pflanzen einen Kübel mit zwei Griffen, befüllst diesen mit nährstoffreicher Gartenerde und setzt ihn in dein Hochbeet. So kannst du das Wandelröschen vor dem ersten Frost einfach herausholen, bei Bedarf einen Rückschnitt vornehmen und bei 10 bis 15 Grad überwintern. Ab Ende April darf sich der Sonnenanbeter dann wieder draußen akklimatisieren. Wandelröschen lieben einen vollsonnigen Standort und zeigen ihr abwechslungsreiches Farbenspiel von Mai bis Oktober.

Die Stars im Hochbeet lassen sich über Stecklinge leicht vermehren.

  V–IX V–X ↕ 30–80 cm

Euphorbia

Wolfsmilch

Wolfsmilch besticht mit seiner unglaublichen Vielfalt. 2000 Arten sind weltweit bekannt. Darunter findest du Arten wie die Mittelmeer-Wolfsmilch, die 1 Meter hoch werden kann und dich mit ihrer imposanten Pracht begeistern wird. Möchtest du so ein Prachtexemplar im Hochbeet haben, solltest du ihm einen Standort am hinteren Rand des Hochbeets einräumen. So vielfältig die Arten sind, so verschieden sind auch die Standortansprüche. Es gibt richtige Sonnenanbeter und dann wiederum Arten, die es gerne schattig und feucht mögen. Da Wolfsmilch viele Nährstoffe braucht, fühlt sie sich im nährstoffreichen Boden des Hochbeets richtig wohl. Im Winter schützt du die Pflanze vor Frost, indem du sie mit Laub oder Reisig abdeckst.

Vielen Wolfsmilcharten gemein ist der sukkulente Wuchs mit verdickten Blättern und Stängeln.

  IX–XI IV–VI ↕ 15–120 cm

Calibrachoa

Zauberglöckchen

Sie heißen Zauberglöckchen, Mini-Petunien oder Million Bells und sind äußerst pflegeleicht. Sie bringen mit ihrem Blütenflor jedes Hochbeet zum Leuchten. Dank der vielen Sorten hast du eine reiche Auswahl und kannst nach Belieben verschiedene Pflanzen kombinieren. Es gibt sogar Züchtungen, die die Farbe je nach Temperatur ändern! Alle *Calibrachoa* mögen einen vollsonnigen Standort und haben einen hohen Nährstoffbedarf. In deinem Hochbeet eignen sie sich optimal als Randbepflanzung, denn die überhängenden Blüten sind ein dekorativer Schmuck. Verwelkte Blüten musst du übrigens nicht abzupfen, neue wachsen einfach darüber.

Zauberglöckchen sind Verwandte der Petunien, vertragen Regen aber besser.

  V–VI V–X ↕ 40–60 cm

Zinnia

Zinnie

Von Juli bis September sorgen die Korbblüten der Zinnien im Hochbeet für Glanzpunkte. Sie passen gut zu anderen Stauden und Sommerblumen und bilden z. B. auch zwischen Kräutern und Tomaten bunte Farbkleckse in Weiß, Rosa, Rot oder Violett. Wer sich eine reiche Blütenfülle wünscht, bietet der Zinnie einen vollsonnigen Standort. Im Spätwinter kannst du die Samen im Haus in Töpfen aussäen. Ans Auspflanzen geht's nach den Eisheiligen Mitte Mai. Die üppigen Blüher brauchen ausreichend Wasser und Nährstoffe, sind davon abgesehen jedoch sehr anspruchslos. Wenn du die Stängel maßvoll abschneidest, hast du nicht nur eine tolle Deko für die Vase, sondern unterstützt die Pflanzen auch noch, neue Blüten zu entwickeln!

Durch die große Auswahl an Farben und Wuchshöhen bieten Zinnien für jedes Hochbeet etwas.

  V V–X ↕ 20–80 cm

Pflanzenstützen & Co.

Manche Pflanzen wollen einfach hoch hinaus. Viele von ihnen sind wahre Kletterkünstler und ranken sich mühelos selbst an glatten Hauswänden nach oben. Denk hier nur an Kletterefeu oder Wilden Wein. Manch eine Pflanze im Hochbeet braucht dagegen ein bisschen Unterstützung. Mit selbst gemachten Pflanzenstützen und Rankhilfen kannst du ihnen wunderbar unter die Arme greifen.

Hilfe für Kletterprofis

Im Gemüse-Hochbeet kannst du vor allem Stangenbohnen, Erbsen, Tomaten, Gurken, Zucchini und Kürbis mit unterschiedlichen Rankhilfen unterstützen. Bei deinen blühenden Hochbeetbewohnern sind es vor allem Clematis, Kapuzinerkresse oder Kletterrosen, die sich über etwas zum Festhalten freuen. Hochwachsende Stauden wie Schafgarbe, Pfingstrose oder Sonnenhut neigen dagegen zum Auseinanderfallen und verkahlen dann von innen. Dagegen kannst du mit sogenannten Staudenstützen vorgehen, die aus Kunststoff hergestellt werden und kostengünstig im Handel erhältlich sind. Für viele Rankhilfen und Pflanzenstützen musst du aber gar nicht ins Gartencenter pilgern. Du findest sie einfach in der Natur oder im Haushalt!

Rankspiralen

Wenn Tomaten sich wohlfühlen, wachsen sie eifrig nach oben und schießen dabei auch mal übers Ziel hinaus. Damit sie nicht umknicken, brauchen sie deine helfende Hand. Befestige sie vorsichtig mit einer Schnur an einfachen Stäben oder Stangen. Besonders bewährt haben sich Spiralstäbe, an denen sich die Tomate ganz ohne Anbinden hochranken kann.

Ruten und Äste

Rankhilfen aus biegsamen Ruten sind nicht nur unglaublich dekorativ, sondern auch noch kostengünstig, wenn du die Ruten in der Natur selber sammelst. Du kannst richtige kleine Tipis und sogar ein Tunnelgerüst aus ihnen flechten, an denen sich dann Stangenbohnen, Erbsen oder Kapuzinerkresse emporranken können.

Clevere Idee!

Rankgitter

Rankgitter aus Metall oder Holz haben sich für Gurken, Zucchini und Kürbisse bewährt. Stecke das Gitter ganz einfach senkrecht in dein Hochbeet oder lehne die Gitter schräg aneinander, sodass ein „Zeltdach" entsteht, an dem sich dann dein leckeres Gemüse entlanghangeln kann.

Schnüre

Aus stabilen Stangen und robusten Schnüren kannst du dir auch ganz individuell ein Rankgerüst für Bohnen, Gurken und Kürbis bauen. Du kannst die Seile senkrecht und waagerecht spannen oder gleich ein richtiges Gitternetz knüpfen, an dem sich Kürbis und Co. dann wunderbar festhalten können.

Zwiebel- und Frühlings- gewächse im Hochbeet

Frühlingsboten

Gegen den Winter-Blues

Trübes Wetter, trübe Stimmung … Dagegen kann ein Frühlingsblüher-Hochbeet helfen! Denn wenn der Garten noch unter einer Schneedecke begraben ist und im tiefen Winterschlaf zu ruhen scheint, kämpfen sich Krokusse, Blausternchen und Co. ans Licht und erfreuen dich mit ihren wunderbaren Farben und zarten Blüten. Im warmen Hochbeet zeigen sie sich dann schon besonders früh und überraschen dich vielleicht schon im Februar.

Pflanzzeit im Herbst

Damit dein Hochbeet zum echten Frühlingstraum wird, sollte die Hauptarbeit schon im Herbst des Vorjahres geschehen sein. Denn dann ist es an der Zeit, die Zwiebeln der Frühlingsblüher im Hochbeet einzupflanzen. Von September bis November kommen die Zwiebeln von Krokus, Hyazinthe, Narzisse oder Tulpe dann ins Hochbeet. Dabei gilt: Je größer die Blumenzwiebel, desto tiefer kommt sie in die Erde. Folgende Faustregel kannst du dir dabei merken: Grabe doppelt so tief, wie die Blumenzwiebel dick ist. Wichtig ist auch, dass du die Zwiebel mit der Spitze nach oben in die Erde setzt.

Und was passiert nach der Blüte?

Sind deine Tulpen verblüht, gibst du ihnen noch etwas Zeit und schneidest ihre Blätter nicht ab. Denn aus diesen zieht die Zwiebel Kraft fürs nächste Jahr. Danach kannst du deine Tulpen-Zwiebeln ausgraben und trocken, kühl und sauber einlagern. Im Herbst kommen sie dann wieder in den Boden. Die Zwiebeln von Schneeglöckchen oder Krokussen kannst du in der Erde lassen. Sie vermehren sich über die Jahre und bilden immer üppigere Horste.

Tulpen und andere frühblühende Zwiebelpflanzen bringen schon im Frühling Farbe ins Hochbeet.

Scilla sibirica

Blausternchen

Blausternchen gehören zu den ersten Frühjahrsblühern und bereichern dein Frühlingshochbeet ab März mit intensiven Farbspielen von Himmelblau bis strahlend Violett. Dabei sind die pflegeleichten Frühjahrsboten hart im Nehmen und trotzen auch verspäteten Wintereinbrüchen mühelos. Pflanze die Blausternchen-Zwiebeln zwischen September und November mit ungefähr 10 Zentimetern Abstand voneinander ins Hochbeet, am besten in Gruppen. Die Blausternchen bilden mit den Jahren einen wunderschönen Teppich aus zarten und verspielten Blüten. Sie sehen toll aus in Kombination mit anderen Frühlingsblühern wie Krokussen oder Narzissen und machen aus deinem Hochbeet jedes Jahr aufs Neue ein echtes Frühlingserlebnis.

Im Hochbeet kommen die üppigen blauen Blüten optimal zur Wirkung.

 –   X–XI 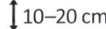 III–IV ↕ 10–20 cm

Helleborus

Christrose

Christrosen sind schon erstaunliche Pflanzen mit ihrem immergrünen Laub und den eindrucksvollen Blüten bereits im Winter, während Schnee und Eis den Boden noch bedecken. Vor allem werden sie von Jahr zu Jahr schöner. Erst nach Jahren entfalten sie ihre größte Pracht. Sie fühlen sich im Hochbeet durchaus wohl und bevorzugen einen Boden, der kalkhaltig, lehmig, humos und durchlässig ist, sowie einen halbschattigen Standort. Das gilt sowohl im Stauden- als auch im Hochbeet. Hast du übrigens gewusst, dass man ihre Wurzeln früher zu Niespulver verarbeitet hatte? Deswegen wurden sie auch Nieswurz genannt. Die Christrose ist allerdings giftig, was man bei der Pflanzung bedenken sollte, wenn man kleine Kinder oder Haustiere hat.

Winterblüher bereichern auch in der kalten Jahreszeit das Gartengrau um willkommene Farbtupfer.

 –   IX–XI ✻ I–III ↕ 15–50 cm

Hyacinthus orientalis

Hyazinthe

Hyazinthen sind nicht nur was fürs Auge, sondern auch für die Nase! Mit ihrem intensiven Duft bringen sie nach den kalten Wintertagen den Frühling ins Hochbeet. Am besten setzt du dich direkt neben dein Blumenhochbeet und genießt nicht nur die Frühlingsdüfte, sondern auch die seidig glänzenden Blütenstände. Vor allem aus der Nähe betrachtet, sind sie eine wahre Augenweide. Wie bei anderen Zwiebelblühern pflanzt du Hyazinthen idealerweise in Gruppen von 5 bis 10 Zwiebeln und erfreust dich dann von März bis Mai an den tollen Farben.

Duft-pflanze

 – IX–XI 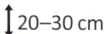III–V 20–30 cm

Crocus-Hybriden und Wildarten

Krokus

Mit ihren farbenprächtigen Blüten läuten die Krokusse den Frühlingsbeginn im Hochbeet ein. Zuverlässig blühen sie jedes Jahr auf und bilden dann immer üppigere Horste. Möchtest du eine echte Farbexplosion ins Hochbeet bringen? Dann besorge dir am besten gemischte Sorten, dann wird's richtig bunt. Wie die meisten Frühblüher pflanzt du die Krokusknollen im Herbst ins Hochbeet. Kombiniere sie beispielsweise mit Hyazinthen oder Blausternchen. So gehört der Winterblues dann definitiv der Vergangenheit an.

 IX–XI III–IV 6–15 cm

Pulsatilla vulgaris

Kuhschelle

Die Kuhschelle ist eine Pflanze, die in ihrer wilden Form eigentlich aus unseren Breiten stammt, aber fast nur noch im Garten vorkommt. Sie gehört aufgrund ihrer prächtigen Blüten und dem silbrig behaarten Laub zu den besonderen Frühblühern. Im Hochbeet bevorzugt sie eher die nährstoffärmeren Jahre, benötigt keinen Extra-Dünger und liebt einen durchlässigen, kalkhaltigen Boden. Wenn du sie bereits im Herbst pflanzt, kann sie sich bis zu ihrer Blüte im März gut entwickeln.

 IX–XI III–IV 20 cm

Corydalis

Lerchensporn

Beim Lerchensporn handelt es sich um eine Pflanzenfamilie, die rund 400 Arten umfasst. Als Naturform ist er bei uns heimisch. Fürs Hochbeet eignen sich vor allem jene Arten, die einen Boden lieben, der reich an Nährstoffen ist und einen Mix aus Sand und Humus enthält. Unter solchen Bedingungen braucht er keinen weiteren Dünger. Seine bunte Blütenpracht zwischen Weiß, Gelb, Lila, Blau und Rot entfaltet der Lerchensporn zwischen März und Mai. Seine hübschen Blüten erfreuen nicht nur das Auge, sondern locken darüber hinaus auch viele Insekten an. Dieser Frühjahrsblüher mit dem außergewöhnlichen farnähnlichen Laub verbreitet sich selbstständig durch Selbstaussaat, wenn ihm der Standort zusagt.

Die vielen Arten des Lerchensporns bringen halbschattige und schattige Hochbeete zum Blühen.

 – 　 IX–XI　✿ III–VI　↕ 20–40 cm

Pulmonaria

Lungenkraut

Das Lungenkraut ist eine ungewöhnliche Pflanze. Sie kann auf einem Stängel sowohl blaue wie rosafarbene Blüten tragen. Was für dich als Gartenfreund als attraktives Farbenspiel erscheint, ist für Bienen, Wespen & Co ein wichtiges Signal hinsichtlich des Nektargehalts. Der ist in den rosafarbenen Blüten am höchsten. Je geringer er wird, desto mehr verändern die Blüten ihre Farbe in Richtung Blau. Die Pflanze passt gut in ein Hochbeet, dessen Standort sich eher im Schatten befindet. Ihren lateinischen ebenso wie den deutschen Namen hat sie aufgrund ihrer lungenförmigen Blätter bekommen. Ihr Nährstoffbedarf ist relativ hoch, eine ideale Voraussetzung für ein prächtiges Wachstum im Hochbeet.

Das Lungenkraut gedeiht im Hochbeet auch gut zwischen höher wachsenden Pflanzen.

　 IX–XI　✿ III–V　↕ 20–35 cm

Leucojum vernum

Märzenbecher

Märzenbecher sind mit den Schneeglöckchen verwandt – kein Wunder also, dass sich die beiden Frühjahrsblüher so ähnlich sehen. Du kannst sie voneinander unterscheiden, wenn du auf die Blüten und Blätter achtest: Märzenbecher haben größere Blüten, an deren Spitzen grüngelbe Punkte zu sehen sind, und ihre Blätter legen ein besonders sattes Grün an den Tag. Sie mögen vor allem einen feuchten Standort und kommen auch im Schatten und Halbschatten gut zurecht. Wenn du die Zwiebeln im Herbst gepflanzt hast, kannst du dich dann zwischen Februar und April an ihren entzückenden Blüten und am zarten Duft erfreuen. Pflanze am besten mit 10 Zentimetern Pflanzabstand und etwa 10 Zentimeter tief. So steht der Blütenpracht nichts im Wege.

Märzenbecher gehören nach dem Winter zu den ersten blühenden Frühlingsboten im Hochbeet.

  IX–XI II–IV ↕ 20–25 cm

Narcissus-Hybriden und Wildarten

Narzisse

Narzissen sind klassische Frühjahrsboten und machen sich toll im Frühlingsblumenhochbeet. Wie auch bei Tulpen haben sie eine lange Zeit der Züchtung hinter sich und es gibt eine Unzahl an Sorten in den schönsten Formen und Farben. Vor allem die Dichternarzissen (*N. poeticus*) und die echten Trompetennarzissen (*N. pseudonarcissus*) wirken im Hochbeet besonders schön. Sie eignen sich auch gut als Schnittblumen und bringen so den Frühling in dein Zuhause. Narzissen sind besonders pflegeleicht und ausdauernd. Das bedeutet, dass sie sich flächig ausbreiten und jedes Jahr aufs Neue im Frühjahr aufblühen. Wenn du früh- und spätblühende Sorten wählst, kannst du die Blütenpracht bis in den Mai verlängern.

Die leuchtenden Blüten der Narzissen schmücken das Beet mit frühlingshafter Farbenpracht.

  IX–XI III–V ↕ 10–90 cm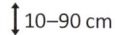

Mit zahlreichen Wuchsformen und Farben, wie hier eine lila blühende Kugelprimel, bieten die Schwachzehrer im Hochbeet viele Gestaltungsmöglichkeiten.

Primula

Primel

Primula ist lateinisch und bedeutet „die Erste". Normalerweise muss sie sich diese Stellung mit anderen Frühblühern teilen. Doch wenn du ihr einen Ehrenplatz im wärmenden Hochbeet einräumst, kann sie den Mitbewerbern zuvorkommen. Hinsichtlich ihrer Farbenpracht ist sie ohnehin die Siegerin im Vorfrühling.

Primeln eignen sich übrigens gut für Einsteiger in Sachen Gartengestaltung. Sie sind sowohl genügsam wie auch pflegeleicht und wenn du verschiedene Primelarten miteinander kombinierst, können sie dir von Ende Januar bis in den Juni hinein mit ihrer farbenfrohen Fülle im Blumenhochbeet große Freude

bereiten. Den meisten der 500 Arten solltest du auch genügend Wasser gönnen, damit ihr Ballen immer ausreichend feucht ist, dann fühlen sie sich auch im nährstoffärmeren dritten Jahr im Hochbeet wohl.

  IX–XI III–V ↕ 15–30 cm

PSSSSST

Primel-Kauf

Wähle Exemplare mit wenigen offenen Blüten, reichlich Knospen und schönen, weißen Wurzeln. Primeln mit vielen gelben Blättern lässt du besser stehen!

Primula veris

Schlüsselblume

Wie der botanische Name verrät, gehört die Schlüsselblume zur großen Familie der Primeln. Anfang April zeigt sie ihre goldgelben Kelche. Trotzdem liebt sie den Winter, denn sie braucht den Kälteschock, um richtig in Form zu kommen. Daher solltest du sie bereits während der späten Herbsttage aussäen. Im Hochbeet verträgt sie sich bestens mit Christrosen, Traubenhyazinthen oder Tulpen. Sie benötigt einen feuchten, humusreichen, aber eher stickstoffarmen und vor allem kalkhaltigen Boden.

Die leuchtend gelben Blüten der Schlüsselblume verströmen im Frühling ihren angenehm süßen Duft.

–   IX–XI   ❋ III–V   ↕ 10–20 cm

Galanthus nivalis

Schneeglöckchen

Wie schon der Name vermuten lässt, machen Eis und Schnee den Schneeglöckchen wenig aus. Schon im Februar stecken sie ihr weißes Blütenköpfchen durch die Schneedecke und läuten somit den Frühling ein. Setze die Zwiebeln am besten Ende September ins Hochbeet, so können die Schneeglöckchen anwurzeln und überraschen dich dann im Spätwinter mit dem ersten zarten Grün. Sobald sie im Hochbeet Fuß gefasst haben, breiten sich die kleinen Frühjahrsblüher immer weiter aus und kommen vor allem mit Krokussen gut zur Wirkung. Schneeglöckchen-Zwiebeln sind übrigens ziemlich empfindlich. Deshalb solltest du sie gleich nach dem Kauf einpflanzen. Danach ist aber nicht mehr viel Pflege nötig und du kannst dich entspannt zurücklehnen.

Duft und Anmut der filigranen Schneeglöckchen lassen sich im Hochbeet besonders gut genießen.

–   IX–XI   ❋ II–IV   ↕ 10–15 cm

Muscari-Arten

Traubenhyazinthe

Die Traubenhyazinthe kommt zwar nicht an die Größe von ihrer Verwandten, der Gartenhyazinthe, heran, sie ist aber nicht minder dekorativ. Mit ihren dichten himmelblauen Blütenglöckchen ist sie für jedes Frühlingshochbeet eine echte Zier. Setze sie im Oktober oder November ins Hochbeet, am besten in Gruppen. Dann bezaubern sie dich von März bis Mai mit herrlichen Blüten – entweder im klassischen Blau oder auch in Weiß oder Gelb. Auch ihre Samenstände nach der Blüte, mit deren Hilfe sie sich vermehren, sind eine echte Zier.

 IX–XI III–V 10–20 cm

Tulipa-Hybriden und Wildarten

Tulpe

Wusstest du, dass es ca. 150 Tulpenarten gibt? Für dein Blumenhochbeet hast du also die Qual der Wahl. Von frühblühenden über spätblühende Sorten bis hin zu Wildtulpen-Arten, die üppige Horste bilden, hast du alle Möglichkeiten. Als Starkzehrer mögen sie nährstoffreichen Boden, weshalb du sie vor allem im ersten Hochbeetjahr pflanzen solltest. Viele Zuchtformen sind nicht zum Verwildern geeignet und bleiben nur ein paar Jahre vital. In diesem Fall kannst du die Zwiebeln nach der Blüte ausgraben, lagern und im Herbst wieder pflanzen.

 IX–XI III–VI 15–60 cm

Bringen Farbe ins Beet!

Anemone

Windröschen

Auf den ersten Blick sehen Windröschen zart und verletzlich aus. Doch wenn du sie in einem Hochbeet mit genügend Nährstoffen und Humus ziehst, erweisen sie sich als anspruchslos und pflegeleicht. Diese kleinwüchsige Anemonenart eignet sich im Hochbeet gut als Bodendeckerpflanze, die sich selbst weiter aussät und vermehrt, wenn man sie lässt. Setze Windröschen am besten in Gruppen von mindestens fünf Pflanzen.

 IX–XI III–V 15–25 cm

Gute Nachbarn – schlechte Nachbarn

+ günstig   − ungünstig   ☐ neutral

	Asiasalate	Aubergine	Blumenkohl	Brokkoli	Bohne	Chinakohl	Erbsen	Erdbeeren	Fenchel	Feuerbohne	Grünkohl	Gurke	Kartoffel	Knoblauch	Kohl	Kohlrabi	Kürbis	Lauch	Mangold	Möhre	Paprika	Radieschen	Rhabarber	Rosenkohl	Rote Bete	Rotkohl	Rucola	Schwarzwurzel	Sellerie	Spinat	Tomate	Zwiebel
Asiasalate			−	−	+	−	+	−			−				−	−	−		+	+		−		−	+	−	−			+	+	+
Aubergine			+	+		+		−			+	−			+					−				+	−	+					+	
Blumenkohl	−	+		+	+	+	+			+	−	+			−			+	+		+	+			−				+	+	+	−
Brokkoli	−	+	+		+	+	+			+	+				−			+	+		+	+			−				+	+	+	+
Bohne	+		+	+		+	−	+	−	+	+	+			−	+	+	−				+	+		+	+	+			+		
Chinakohl		+	+	+	+					+	+	+						+				+					+			+	+	+
Erbsen	+	−	+	+	−				+	−	+	−			+	+	−			+	−	+			+						−	−
Erdbeeren	−			+						+	+			+	−			+				+		+	−	+				+		+
Fenchel				−			+					+																	−			
Feuerbohne			+	+		−	−				+	+	+	−	+	+	−		+			+		+	+	+				+	+	+
Grünkohl	−	+	−	−	+		+			+		+		−	−	+	+	+	+	+	+			+	−	−	+	+	+	+	+	−
Gurke			+	+	+	+				+	+				+	+				−	−			+	+					+	−	+
Kartoffel		−									+					+								−	−					−	+	−
Knoblauch								+			−	−			+					+	+			−	+						+	
Kohl	−	+			+		+	−		+	+	−	−			−			+	+	+	+	+	−					+	+	+	+
Kohlrabi	−			+			+			+	+		+					+				+			+					+	+	+
Kürbis				+							+																					
Lauch			+	+	−	+	−	+		+	−	+			+	+			+	+		+		−	+				+	+	+	
Mangold	+		+	+	+	+					+				+					+		+			+					−		
Möhre	+				+	+					+			+				+	+			+			+						+	+
Paprika		−	+	+	+						+	−			+	+			+			+		+	+					+	+	
Radieschen	−		+	+	+	+	+			+	+				+	+		+	+	+				+	+	−				+	+	
Rhabarber				+							+				+										+					+		
Rosenkohl	−	+								+	+	+		−	−			+	+	+		+								+	+	−
Rote Bete	+	−		+			+			+	+	+	+	−	+	+	+	−														+
Rotkohl	−	+		+			+	+		+	+		−		−			+	+	+	+	+	+		−					+	+	−
Rucola	−		−	−	+	−														+										+	+	+
Schwarzwurzel											+							+														
Sellerie			+	+	+	+				+	+	+	−		+	+		+		+		+			+	+					+	
Spinat	+	+	+	+	+		+				+	+			+	+			−		+	+	+	+	+	+					+	
Tomate	+		+	+	+	+	−				+				+	+				+									+	+		
Zwiebel	+		−	−	−	−	+				−	+			−	−				+					−	+	−	+				

Erntekalender rund ums Jahr

$\boxed{\times}$ Erntezeit

	Jan	Feb	Mrz	Apr	Mai	Jun	Jul	Aug	Sep	Okt	Nov	Dez
Asiasalate					×	×	×	×	×	×		
Aubergine								×	×			
Blumenkohl						×	×	×	×	×		
Bohnen							×	×	×			
Brokkoli						×	×	×				
Chinakohl									×	×	×	
Erbsen						×	×	×				
Erdbeeren						×	×	×	×			
Feldsalat	×	×								×	×	×
Fenchel						×	×	×	×	×	×	
Grünkohl	×	×							×	×	×	×
Gurke								×	×	×		
Kartoffel							×	×	×	×		
Knoblauch								×	×			
Kohl						×	×	×	×	×		
Kohlrabi					×	×	×	×	×			
Kürbis								×	×	×	×	
Mangold					×	×	×	×	×	×		
Möhre						×	×	×	×	×		
Paprika								×	×	×		
Pastinake	×	×	×						×	×	×	×
Radieschen						×	×	×	×			
Rhabarber					×	×						
Rosenkohl	×								×	×	×	×
Rote Bete									×	×	×	
Rotkohl	×	×	×	×				×	×	×	×	×
Rucola					×	×	×	×	×	×		
Schwarzwurzel										×	×	
Sellerie									×	×	×	
Spinat				×	×	×	×		×	×	×	
Tomate							×	×	×	×		
Zucchini							×	×	×			
Zwiebel/Lauch						×	×	×	×			

Register

Abbildungsverzeichnis

Erklärung der Symbole

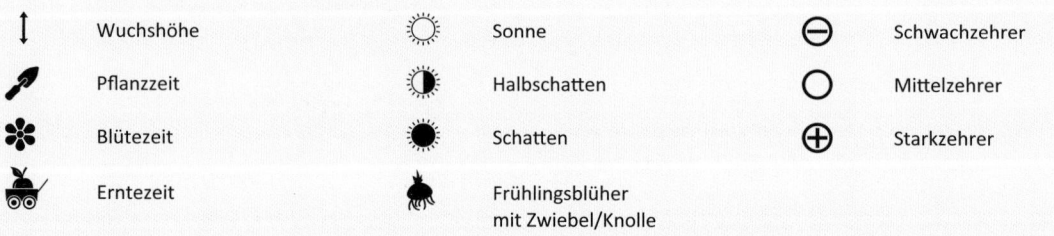

↑ Wuchshöhe	☼ Sonne	⊖ Schwachzehrer
🛠 Pflanzzeit	◐ Halbschatten	◯ Mittelzehrer
❀ Blütezeit	● Schatten	⊕ Starkzehrer
🛒 Erntezeit	🌷 Frühlingsblüher mit Zwiebel/Knolle	